안 동
문 화
100선
●●❻

황
만
기 黃萬起

안동대학교 한문학과를 졸업하고
동대학원에서 문학석사학위를 받았으며
성균관대학교 문학박사학위를 취득하였다.
현재 안동대학교 퇴계학연구소 학술연구대우교수로 있다.
저서로는 『열녀와 의리』(공저), 『안동의 서원』(공저), 『고성이씨의 학문과 문화』(공저),
『경북지역 임진란사』(공저) 등이 있다.

이
동
춘 李東春

신구대 사진학과에서 사진을 전공하고 1987년부터 20여 년간 출판사 디자인하우스에서
에디토리얼 포토그래피로 일했다.
13년 전부터 안동을 중심으로 종가문화와 관련된 작업에 주력하고 있다.
개인전으로 〈경주, 풍경과 사람들〉, 〈선비정신과 예를 간직한 집 '종가'〉 등을 개최했으며,
사진집으로는 『도산구곡 예던길』, 『오래 묵은 오늘, 한옥』 등이 있다.

선성지와 서부리

황만기 글
이동춘 사진

민속원

선성지와
서 부 리
차례

『선성지』는 어떤 책인가 ···· 8
- 『선성지』의 간행 ···· 8
- 『선성지』의 종류 ···· 10
- 『선성지』의 가치 ···· 18

권시중은 누구인가 ···· 20

예안 관아 서부리에 터를 잡다 ···· 27
- 예안 관아 둘러보기 ···· 33
- 선성현 객사 ···· 36
- 자연산 냉장고 석빙고 ···· 40
- 서부리의 누정 ···· 45
- 동부리 훔쳐보기 ···· 47

예안향교의 어제와 오늘 ···· 60

향교의 연혁 ···· 60
건축구조 ···· 70
석전의釋奠儀 ···· 79
은행나무 600년 역사를 말해주다 ···· 89
무궁화를 통한 예안 향교 알리기 ···· 92

퇴계의 장인 권질의 유배지 이기도吏起島 ···· 95

신축된 관아, 예안의 역사 새로 쓰다 ···· 100

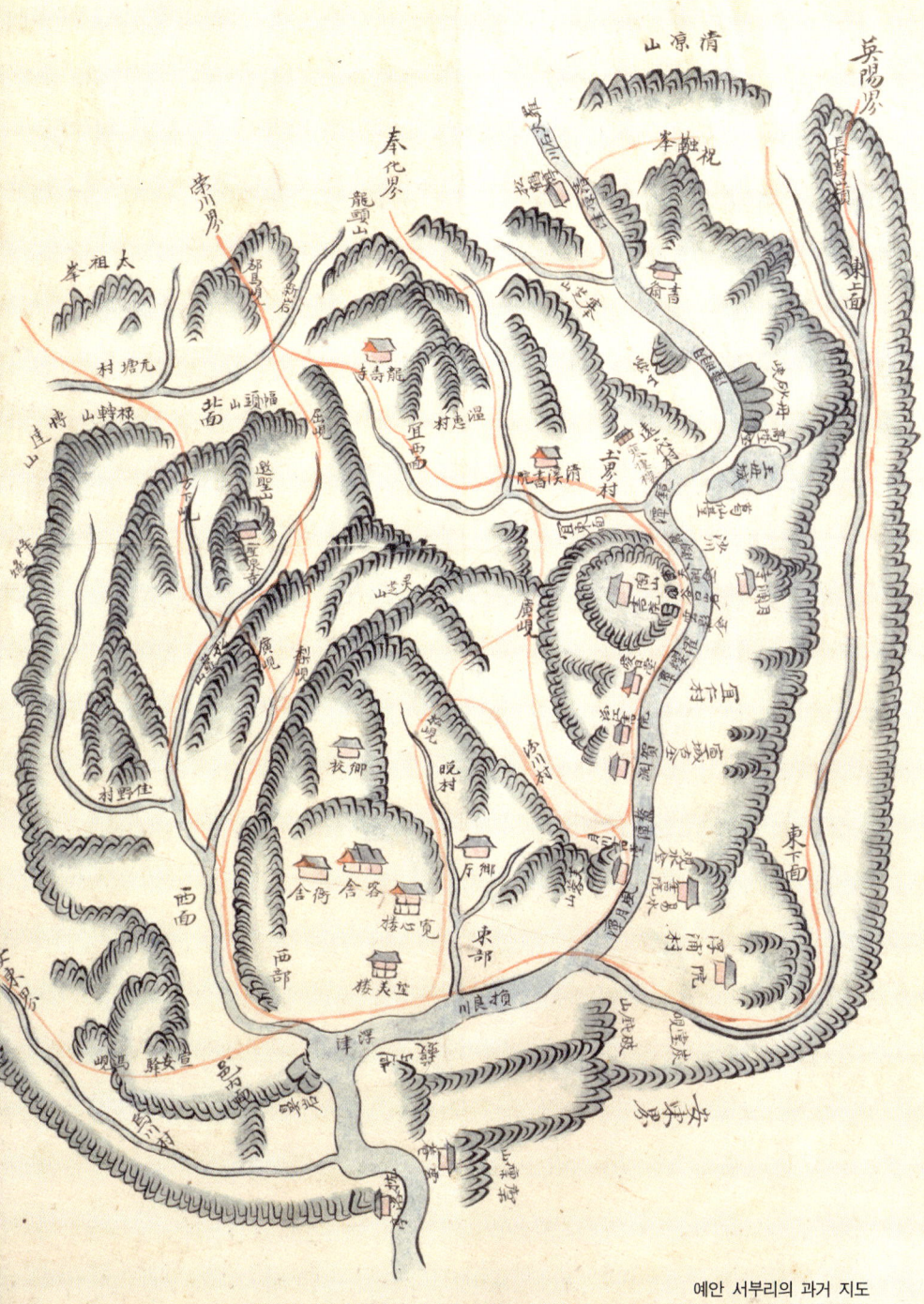

예안 서부리의 과거 지도
1876년에 제작된 것으로 관아의 위치를 자세히 알 수 있다. 규장각 소장 해동지도(예안현)

『선성지』는 어떤 책인가

『선성지』의 간행

『선성지宣城誌』는 권시중權是中이 1619년에 편집·간행하였다. 예안지역의 마을 역사를 개인이 기록한 책이다. 이러한 사찬 읍지의 탄생은 16세기에 들어와서 나타나기 시작하였고, 그 이전에는 모두 관공서 주도하에 의해서 편찬된 관찬 읍지가 대부분이었다. 읍지는 지방지라고 부르기도 하는데, 우리나라의 지방지가 언제부터 편찬되었는지 분명하지 않다. 다만, 현재 전하는 가장 오래된 것은 김부식金富軾이 1145년(고려 인종 23)에 왕명으로 편술한 『삼국사기지리지三國史記地理志』이다. 이 책은 정사의 사서史書로 널리 알려져 있으나, 조선조에 편찬된 여러 지리지의 기본 자료가 되므로 지리지로 분류하는 경우도 있다. 조선조에 들어와서는 『팔도지리지八道地理志』, 『조선전도朝鮮全圖』, 『각도별도各道別圖』, 『세종실록지리지世宗實錄地理志』, 『경상도지리지慶尙道地理誌』 등이 편찬되었는데, 이들 책은 조선을 건국한 집권 사대부士大夫들이 국력과 수취체제收取體制를 확립하고, 정치적 경제적 기반을 확고히 하려는 의

도에서 비롯되었다고 할 수 있다. 한편 임진왜란 이후 조선 후기로 접어들면서 사찬 읍지가 왕성하게 출간된다. 이들 지방지들은 각 지방에서 독자적으로 편찬되었기 때문에 지방의 다양하고 풍부한 역사와 문화를 담고 있다.

읍지는 대상 지역의 성격·규모·읍호邑號에 따라 목읍지牧邑誌·부읍지府邑誌·도호부읍지都護府邑誌·군읍지(군지)·현읍지(현지)·진지鎭誌·영지營誌·역지驛誌·목장지牧場誌 등으로 불리어 진다. 앞에서 살펴본 고려와 조선전기에 이루어진 읍지들은 모두 관, 즉 정부의 기획으로 이루어진 관찬지이고, 사찬 읍지라 하더라도 편찬자가 수령으로 있을 때 편찬한 것이 많다. 그런데 『선성지』는 관의 주도가 아닌 개인에 의해서 집필되었다는 점이 매우 이채롭다. 말하자면 권시중이 개인의 노력과 재정으로 완성한 것이다. 『선성지』이전의 사찬읍지에 대해서 살펴보면, 최고의 사찬읍지는 의성지역 읍지인 『문소지聞韶志』이다. 1507년에 음애陰崖 이자李耔에 의해 편찬되었으나 이름만 전하고 읍지는 전하지 않는다. 이후 한동안 간행되지 않다가 1581년에 한강寒岡 정구鄭逑에 의해서 간행된 창녕지역 읍지인 『창산지昌山誌』가 출간되었으나 이 역시 현존하지 않는다.

현존하는 최고의 사찬읍지는 『창산지』와 같은 연도에 완성된 윤두수尹斗壽가 간행한 황해도 연안지역의 『연안읍지延安邑誌』이다. 그 다음은 1587년에 한강 정구에 의해서 간행된 함안지역 읍지인 『함주지咸州誌』이다. 또 1590년에 윤두수에 의해서 간행된 평양지역 읍지인 『평양지平壤誌』가 있는데, 모두 16세기에 간행된 읍지이다. 17세기 읍지로는 이상의李尙毅에 의해서 이루어진 성천지역 읍지인 『성천지成川志』가 있고, 용만龍巒 권기權紀는 안동지역 읍지인 『영가지』를 1608년에 간행하였다. 『영가지』는 서애 류성룡의 부탁으로 시작하

안동문화원에서 간행한
국역 영가지와 선성지 합본 표지

여 한강 정구의 주도하에 완성된 것이다. 또 1611년에는 성진선成晉善이 동래지역 읍지인 『동래지東萊誌』를 간행하였고, 1617년에는 창석蒼石 이준李埈과 택당澤堂 이식李植에 의해서 상주지역 읍지인 『상산지商山志』와 함경북도 지역의 읍지인 『북관지北關志』가 간행되었다. 1618년에는 지봉芝峰 이수광李睟光에 의해서 순천지역 읍지인 『승평지昇平志』, 1619년에 한여현韓汝賢이 서산지역 읍지인 『호산록湖山錄』을 간행하였으며, 같은 해에 『선성지』가 간행된 것으로 보인다.

『선성지』의 종류

『선성지』 초고본은 과연 존재하는 것일까? 1993년에 국역하여 간행된 국역 『선성지』는 성재 금난수 종가에서 소장하고 있던 필사본과 일제강점기에 간행한 석인본을 번역 대본으로 하였다. 이 두 종류 모두 권시중이 직접 작성한 최초의 것이 아니고 내용을 증보하여 정리한 수정본이다. 『선성지』가 권시중의 초고본이 아니라는 사실에 대해서 지금은 고인이 되었으나 와룡 나별에 살았던 정진호가 『안동문화』 11호(2003년 간행)에서 의문을 제기한 바 있다. 정진호씨는 국역 『선성지』 해제에서 잘못 언급된 부분을 발췌하여, 대본으로 삼은 『선성지』가 초고본이 될 수 없는 이유로 권시중 사후의 인물들을 열거하며 자신의 논거가 합당함을 주장하였다. 필자는 정진호의 주장에 동의하는 바이다. 그렇다고 권시중이 『선성지』를 간행했다는 사실에 대해서 부정하는 것은 결코 아니다. 권시중은 그의 문집인 『늑정일고櫟亭逸稿』「선곡연계록후서」에서 다음과 같이 기술하였다.

> 우리 고을에는 고적古蹟이 없어서 상세上世와 중세中世의 일에 대해서 듣기는 하였어도 직접 보지를 못하였다. 하세下世의 일 또한 아득하니 어찌 심히 애석해하

지 않겠는가. 내가 어려서 월천선생의 문하에 노닐면서 옛일에 대해서 들었고 또 여러 책들을 살펴보면서 그 대략에 대해서 조금 알게 되었다. 그리하여 채집하여 볼거리로 삼으려 하였으나 이루지 못하여 실로 마음에 개탄하였다. 이에 방목榜目, 비문碑文, 동사東史 등의 내용을 널리 채집하여 상중하上中下 세 부部로 찬집하니 우리 고을의 고적이 어제처럼 밝혀지게 되었다. 첫째가 『선성지宣城誌』이고, 둘째가 『선성구로회宣城九老會』, 셋째가 『선곡연계록善谷蓮桂錄』이다. 우선 자세한 바를 기록하여 뒷날의 군자가 반드시 더 널리 채집하여 이 기록을 잇기 바란다.

『선곡연계록』 가운데 폐조廢朝(광해조) 경신년庚申年(1620)부터 임술년壬戌年(1622)까지는 과장科場을 열지 못하다가 계해년癸亥年(1623) 반정反正 이후에야 비로소 과장을 열었다. 우리 고을의 이영국李榮國이 생원에 합격한 것은 인조 초기에 사사로운 정이 너무 심하였다. 그리하여 임숙영任叔英이 지평持平으로서 매달 차자를 올려 마침내 파방되었다.

　권시중은 예안의 옛 사적을 정리하기 위해서 갖은 노력을 기울였다. 그는 스승 조목의 말과 기록물 등을 통해 최대한의 자료를 수집하여 3책으로 완성하였다. 제1권은 예안의 읍지인 『선성지』이고, 제2권은 예안 지역 고령자 아홉 명이 구성원이 되어 계를 조직한 구로회에 관해서 기술한 『선성구로회』이고, 마지막 제3권은 예안 지역 과거급제자 명단을 수록한 『선곡연계록』이다. 이 세 책이 한 세트였으나 지금 어느 것도 발견되지 않고 있어 아쉬움을 금치 못한다.

　다시 『선성지』에 대한 언급을 해보기로 한다. 무엇보다도 『선성지』에 대한 명칭을 어떻게 정할 것인가에 대한 문제가 남는다. 필자가 구체적인 명칭을 확정하기는 어렵지만 서술의 편의상 다음과 같이 정리해보고자 한다. 권시중이 지은 미발견 선성지는 '권시중 초고본'이라 하고, 성재 금난수 종가에서 소장한 것으로 국역 『선성지』에 부록으로도 실려 있는 필사본은 '종가 소장본'이라 하며, 국역 『선성지』에 석인본으로 실려 있는 것은 '석인본'이라 한다.

필자가 이 책을 집필하기 위하여 동분서주하던 중에 국립안동대학교와 국립중앙도서관에 또 다른 본이 소장되어 있음을 확인하였다. 필자는 편의상 이 두 본을 '안동대소장본'과 '국립중앙도서관소장본'이라 명명하는 바이다.

국역『선성지』해제에서 언급한 1846년에 필사된『예안현읍지』, 1895년에 필사된『예안읍지』, 1899년에 필사된『예안군읍지』등에 대해서는 그 실물을 보지 못하였기에 여기서는 상론詳論을 피한다.

① 종가 소장본

모두 50장으로 이루어져 있으며,『선성지』서문에 해당하는 앞쪽 일부분은 원본이 훼손되어 판독이 불가한 상태이다. 필사된 서체는 대부분 해서로 되어 있고 간혹 행서가 섞여 있기도 하다. 권두에『선성지』서문에서 권시중이 만력萬曆 기미년(1619)에 작성했다고 하여 작성연대와 작성자를 비교적 쉽게 확인할 수 있었다.

이어서 예안의 역사를 개관한 '예안실록'이 있고, 동서남북의 경계점인 군계郡界에 대해 언급하고 있다. 이어서 건치연혁建置沿革, 관원官員과 명환名宦, 생사당生祠堂, 군명郡名, 성씨姓氏, 풍속風俗, 고적古跡, 형승形勝, 산천山川, 토산土産, 성곽城郭, 봉수烽燧, 누정樓亭, 학교學校, 서원書院, 향사당鄕射堂 조약, 향약, 장점匠店, 교량橋梁, 역원驛院, 불우佛宇, 우거寓居, 시거始居, 인물人物, 묘소, 재사齋舍, 각 고을 사적 등으로 구성되어 있다. 예안오악禮安五岳은 동악東岳인 축융봉祝融峯, 서악西岳인 녹전산祿轉山, 북악北岳인 용두산龍頭山 남악南岳인 어탄산魚呑山, 그리고 중악中岳인 영지산靈芝山이다. 예안삼천禮安三川은 동천東川, 서천西川, 낙천洛川이다. 예안사야禮安四野는 면계평야綿溪平野, 의인평야宜仁平野, 공수평야公需平野, 고통평야高通平野이다.

이 책은 두 부분으로 나누어져 있는데, 앞부분에서는 주로 선성현을 종합적으로 다루었고 뒷부분은 마을별로「온계사적溫溪事蹟」,「부라사적浮羅事蹟」등과 같이 대제목 형식으로 나누어 서술하고 있다. 또 각 마을의 사적은 크게 각명各名과 인물人物로 나뉘어 기술하고 있다. 그런 다음 각명各名 조에서는 특별히 언급해야 할 누정樓亭이나 명소名所에 대해서 다루고, 인물人物 조에서는 특기할 만한 인물에 대해서는 '실록實錄'이라 구분하여 기록하였다. 「부라사적」의 경우를 예로 들면, 각명各名에서 부라원루浮羅院樓와 황유정黃楡亭이 널리 알려져 있기 때문에 각각의 위치와 특징점에 대해서 특기하고 있다. 인물에서는 이곳은 안동 권씨와 봉화금씨 집성촌이기 때문에 성씨별 중요인물에 대한 언급한 다음 특기할 만한 인물을 별 따로 다루고 있다. 말하자면 조대釣臺 금각琴恪(1571~1588)이란 사람의 이력을 '금조대실록琴釣臺實錄'이란 제목으로 특기하고 있다. 금각은 성재惺齋 금난수琴蘭秀(1530~1604)의 넷째 아들이자 월천 조목의 생질로, 예안이 낳은 천재였다. 그는 허균許筠·김화金䃹·심액沈䛁 등과 교유하였다. 타고난 자질이 남달라 5세에 벽에 써 놓은 64괘를 한 번 보고 외울 정도였고, 집을 짓는데 동원된 인부가 30여 명이나 되었는데 그들의 이름을 한 번 물어보고는 일일이 구분할 정도로 뛰어난 기억력을 지녔다. 그는 15세에 양주 백운산에 머무르고 있던 하곡荷谷 허봉許篈(1551~1588)을 찾아가서 가르침을 받았는데, 허봉은 그의 천재성을 장편의 시로 표현하였다. 금각은 그의 문집에서 삼락三樂에 대해서 언급하고 있는데 맹자가 말한 삼락과는 사뭇 다르다. 그가 말하는 '삼락'은 "훌륭한 스승을 스승으로 섬기고師

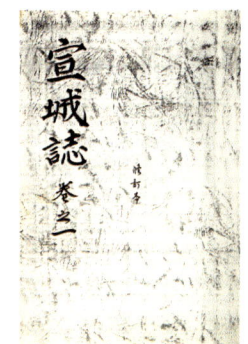

종가 소장본 선성지 표지

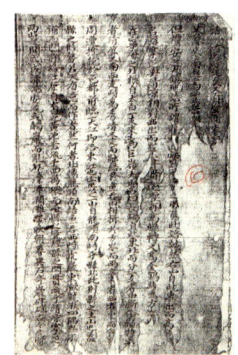

종가소장본선성지 시작부분

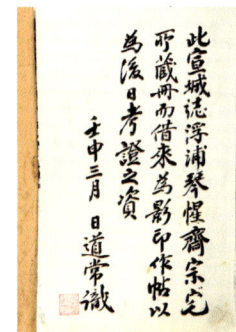

종가소장본 내지

明師, 유익한 벗을 벗하고友益友, 좋은 산수를 유람하는 것訪山水"이다. 그가 말하는 훌륭한 스승은 허봉許篈이고, 좋은 벗은 학계鶴溪 심액沈詻(1571~1655)과 허균의 처남인 금사金沙 김확金矱(1572~1653)이며, 좋은 산은 양주에 위치한 백운산白雲山이다.

이 책은 이러한 체제로 분천汾川·온계溫溪·북계北溪·둔곡鈍谷·가야檟野·한곡寒谷·지삼촌知三村·만리촌萬里村·면계촌綿溪村·남명촌南溟村·오천烏川·사천沙川·월천月川 등에 대해서도 같은 형식으로 기록하였다.

② **석인본**

간행 연도와 편찬자 등에 대한 구체적인 정보가 없어 자세히 알 수 없으나 석인본이라는 점에서 1800년대 후반이나 1900년대 초반으로 추정할 따름이다. 책의 구성은 건치연혁建置沿革, 군명郡名, 환직宦職, 성씨姓氏, 산천山川, 풍속風俗, 방리坊里, 호구戶口, 전부田賦, 요역徭役, 군액軍額, 성지城池(없어짐), 창고倉庫, 관방關防(없어짐), 진보鎭堡(없어짐), 봉수烽燧(녹전산), 학교, 단묘壇廟(사직단 문묘 향현사 여단), 총묘塚墓, 역원驛院, 불우佛宇, 공해公廨, 누정樓亭, 형승, 고적, 도로, 교량, 도서島嶼(없어짐), 제언堤堰(없어짐), 시장, 토산土山, 진공進貢, 봉름俸廩, 명환名宦, 과제科第, 생진生進, 인물, 충절, 효행, 열녀, 제영題詠, 비문碑文, 책판冊板 등의 순으로 되어 있다. 성재 금난수 종가 소장본과의 차이점은 뒷부분에 비문碑文에 관한 조항을 넣었다는 것이 특기할 만하다. 여기에는 쾌주우탁유허비, 증 자헌이조판서 이계양 국망봉단비, 효절공 이현보묘 신도비, 정민공 이해 묘신도

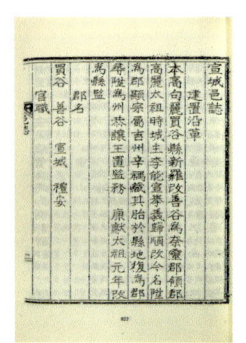

석인본 선성읍지 첫부분

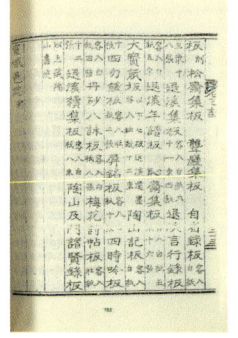

석인본 선성읍지 마지막부분

비, 가선고조판서 조목묘 신도비, 시사단비 등 7개의 비문에 대한 위치와 비문을 지은 찬자撰者의 성명이 기입되어 있다. 그리고 마지막에는 책판에 대한 조항 있는데, 여기에는 「소학언해판小學諺解板」을 비롯해 「도산급문제현록판」 등 도산서원에 장판되어 있는 24종류의 책판이 실려져 있다.

③ 안동대 소장본

이 선성지는 겉표지 가운데에 '宣城誌'라 되어 있고 오른쪽 상단에는 '辛酉年 五月', 왼쪽 하단에는 '溪東藏'이라고 적혀 있다. 계동은 소장자의 호인 듯하다. 그리고 본격적인 내용이 시작되기 전에 간지를 한 장 끼웠는데 여기에는 소장자와 이 책의 특징에 대해서 간략하게 기록하고 있다.

> 이 선성지는 예전에 예안에 사는 신한규申漢圭 씨가 소장한 책이었는데, 빌려다가 영인을 하지 못하고 첩으로 만들어 뒷날 고증의 자료로 삼는다. 신유년辛酉年 5월 5일 도상道常이 기록하다.

원 소장자와 첩으로 만들어 놓은 것임을 밝히고 있다. 소장 시기는 신유년 5월 5일이라고 되어 있다. 신유년은 기록자인 도상의 생몰년을 기준으로 살펴본다면 1921년일 가능성이 점쳐진다. 또 내면에는 이윤항李潤恒의 인장이 찍혀 있다. 이윤항은 1979년 7월부터 1989년까지 약 10년간 예안향교 전교를 역임하였다. 그는 예안향교 전교를 역임하던 1981년에 경상북도와 안동군의 지원을 받아 예안향교의 명륜당明倫堂·동재東齋·서재西齋·전사청典祀廳·주사廚舍·원장垣墻 등을 보수하기도 하였다.

이 책은 모두 33장 66면으로 되어 있다. 이 본은 위 석인본보다 후대에 지은 것을 확인할 수 있다. 특히 인구 면에서 앞의 석인본에는 5,492명이라고 기록되어 있는 반면에 이 책에는 4,038명으로 크게 줄어든 형태로 기록되어 있었다.

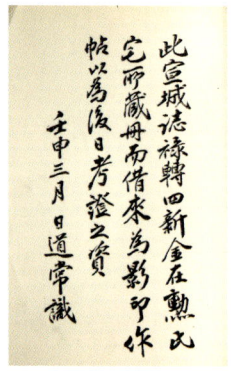

안동대소장본 선성지 내지

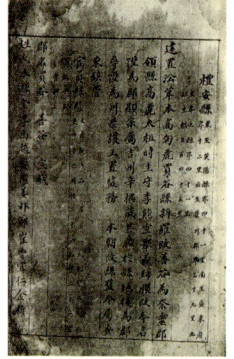

안동대소장본 선성지 시작부분

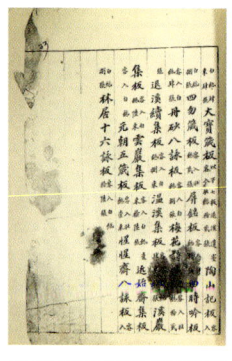

안동대소장본 선성지 마지막부분

구체적인 구성을 살펴보면, 앞장에 예안현도禮安縣圖가 실려 있다. 이 그림을 통해 안동댐 수몰 전의 관아의 위치와 객사, 사직단 등의 위치에 대한 추정이 가능하리라 여겨진다. 예안현을 중심으로 한 동서남북 경계지점과 거리에 대한 설명을 하였다. 그런 다음 건치연혁, 군명, 성씨, 풍속, 산천, 토산, 성곽, 봉수, 누정, 학교, 역원, 불우, 사묘祠廟, 총묘塚墓, 고적古跡, 환적宦蹟, 인물(효자와 열녀를 포함함), 제영題詠, 과거科擧, 방리防里, 호구, 전부, 요역, 군액, 창고, 궁실, 도로, 교량, 시장, 목장牧場, 진공進貢, 공물(없어짐), 봉름, 비문, 책판 등의 순서로 구성되어 있다. 석인본과의 가장 큰 차이점은 목장 부분이 추가로 삽입되어 있다는 점이다. 그리고 방리防里, 호구, 전부, 요역, 군액, 창고, 궁실, 도로, 교량, 시장, 목장牧場, 진공進貢, 공물, 봉름 등이 석인본에는 전체 구성에 있어서 앞부분에 위치해 있으나, 이 책에서는 뒷부분에 위치하고 있다는 점이다.

또 비문 조항에서 석인본에는 7개 비문의 찬자와 위치 등에 대한 설명만 있었으나 이 책에는 홍섬洪暹(1504~1585)이 지은 농암聾巖 이현보李賢輔의 신도비명, 기대승奇大升(1527~1572)이 지은 퇴계 이황의 묘갈명, 동계桐溪 정온鄭蘊(1569~1641)이 지은 월천 조목의 신도비명 등 3개의 비문 내용 전체가 차례로 실려져 있다. 석인본에 없던 퇴계의 묘갈명이 이곳에 특별히 실린 것이 큰 차이점이라 할 수 있다. 마지막에는 책판에 대한 조항 있는데, 여기에는 「소학언해판」을 비롯해 「임거십육영판林居十六詠板」 등 31종류의 책판이 실려져 있다. 이것은 위 석인본보다 많은 숫자이며 소장된 책판의 종류가 조금 다르다는 것이 확인된다.

④ 국립중앙도서관 소장본

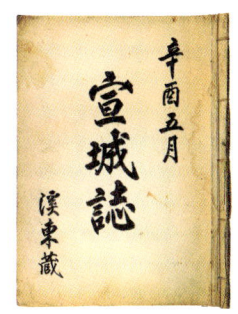

안동대소장본 선성지 내지

표제가 『안동읍지』로 되어 있는 이 책은 모두 134장으로 된 등사본謄寫本이다. 이 책의 간행년도는 1928년이고, 간행자는 안동군수 박광열朴光烈이다. 책의 구성은 앞부분에 『안동읍지』에 관한 기록이 있고 뒤에 『예안지』를 부기附記해 놓고 있다. 말하자면 『안동지』와 『예안지』의 합본인 셈이다. 박광열은 이 책 서문에서 책을 발간하게 된 경위에 대해서 설명해놓고 주목을 끌고 있다.

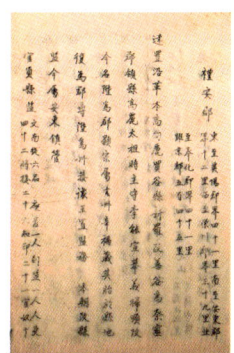

국립중앙도서관소장본 앞부분

구체적인 구성을 살펴보면, 앞장에 예안군도禮安郡圖가 실려 있다. 예안현에서 예안군으로 행정명칭이 바뀌고 행정구역도 변화가 있었다. 관아에서 동쪽으로 영양군까지 41리, 남쪽으로 안동군 경계까지 12리, 서쪽으로 영주군계까지 39리, 북쪽으로 봉화군계까지 41리이며, 서울까지는 545리이다. 순서대로 언급하자면, 건치연혁, 군명, 성씨, 풍속, 산천, 토산, 성곽, 봉수, 누정, 학교, 역원, 불우, 사묘祠廟, 총묘塚墓, 고적古跡, 환적宦蹟, 인물, 제영題詠, 과거科擧, 방리防里, 호구, 전부, 요역, 군액, 창고, 궁실, 도로, 교량, 장시場市, 책판 등의 순서로 구성

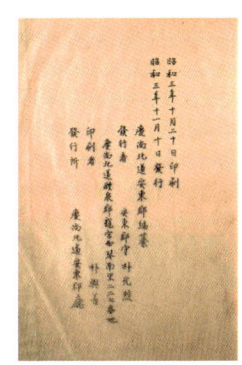

국립중앙도서관소장본 뒷부분

되어 있다. 안동대소장본과의 가장 큰 차이점은 목장牧場, 진공進貢, 공물(없어짐), 봉름, 비문 조항이 이 책에서 삭제되었다는 점이다. 그리고 소장 책판의 종류에 있어서도 다소간의 차이점이 드러나고 있다.

『선성지』의 가치

　『선성지』는 『영가지』와 함께 임진왜란 이후에 간행된 16,7세기 경상도지역의 대표적인 읍지이다. 편찬 목적은 임란으로 파괴된 향촌질서를 재지사족이 중심이 되어 회복하려 하였고, 『승람』 등에 소략하게 다룬 지역의 전통과 문화에 대한 보다 구체적인 내용을 수록함으로 인해 지역에 대한 애호심이 투영되어 있다고 할 수 있다.
　『선성지』의 사료적 가치에 대해서 안동대 사학과 이부경은 석사학위논문을 작성하면서 다음과 같이 정의하고 있다. 『선성지』는 편찬자인 권시중이 많은 자료를 수집하고 조사하여 폭넓은 자료를 인용하였다는 점이다. 물론 스승인 월천月川 조목趙穆에 대한 비중이 다른 인물에 비해 많이 할애되었다는 단점도 있으나 『삼국사기』, 『고려사』, 『신증동국여지승람』 등 고증된 내용을 인용하여 객관성을 유지하려 했다는 점은 사찬읍지로서의 가치가 충분하다. 또 『선성지』에는 예안 지역의 명사였던 이현보, 이황, 조목, 금난수, 윤의정, 임흘과 주세붕, 류성룡의 글과 시가 수록되어 있어 문학적 자료로서의 가치도 뛰어나다고 할 수 있다. 또 역대 수령들의 명단을 정리한 「역관록歷官錄」에서 청렴한 수령이나 빼어난 수령에 대해서 따로 정리하여 수록하고 있다. 이는 단순한 「선생안先生案」의 성격을 넘어 수령들에 대한 포폄을 가하고 있어 역사적 자료로서의 가치를 지니고 있음을 알 수 있다.
　또 국역 『선성지』 해제에서 선성지의 가치에 대한 언급이 있어 그대로 인용해 보기로 한다.

첫째, 문집이나 여러 기록에 누락된 것을 수록하고 있다는 점이다. 자신의 이야기인 '양로낭설발문'의 경우 글을 지은 지령 윤의정의 문집에 보면 내용도 다른 아주 짧은 발문이 실려 있음에 비해 초고본 선성지에서는 아주 자세한 내용이 실려 있다.

둘째, 역사 사실에 엄정한 평을 가하고 있다는 점이다. 역사서를 기록함에 있어서는 그 사실을 엄중하게 평을 가하는 것이 상례이다. 그래서 야사씨왈野史氏曰이나 사신왈史臣曰 논왈論曰 등으로 구분해 사평史評을 가한다. 물론 이 책에서 사평은 보이지 않는다. 다만 역사대로 선성 고을에 수령으로 부임한 사람들 가운데 청렴했던 명관名官이나 고을을 잘 다스렸던 명관名官을 따로 빼내어 정리했고, 또 역대 수령 명단을 정리하며 그 하단에 정치의 잘잘못을 평하고 있다. 바로 이것은 사평에 해당되며 또 공자가 '춘추春秋'를 편찬하며 채택했던 엄정한 평가인 '포폄襃貶의 원칙' 즉 추상秋霜같이 엄정함을 유지하는 '춘추필법春秋筆法'을 견지하고 있었음을 방증하는 자료이기도 하다.

셋째, 이 책을 찬집함에 있어서 폭넓은 자료를 이용했다는 점이다. 다만 이 책이 안동의 '영가지'의 경우 용만 권기가 초고본을 완성한 이후 지방의 학자나 고을 수령들에 의해 수차례에 걸쳐 수정되어 오다가 구한말에 들어와서는 목판본으로 간행되었던 것에 견주어 『선성지』는 구성 내용에 있어 충실하지 못하다는 지적과 함께 판본으로 널리 보급되지 못한 아쉬움이 있다.

권시중은 누구인가

『선성지』를 편찬한 권시중(1572~1644)은 자가 시정時正, 호가 늑정櫟亭·늑로櫟老·야주자野舟子·갈선노수葛仙老叟·북계정北溪亭이고, 본관이 안동이다. 안동권씨가 예안에 정착하게 된 계기는 권시중의 고조高祖인 속천정蔌泉亭 권겸權謙(1413~1505)이 단종의 손위遜位를 보고 벼슬을 버리고 남하하여 예안 부라촌에 이거하면서 부터이다. 권겸은 슬하에 3남 2녀를 두었다. 맏아들 권수익權受益(1452~1544)은 1477년 사마시에 합격하였고 1482년 문과에 급제하여 성균관직강成均館直講을 거쳐 인동현감仁同縣監·개천군수价川郡守 등을 역임하였다. 둘째 권수덕權受德(1457~?)은 자字가 자명子明이고 교수敎授를 지냈다. 셋째 권수복權受福(1459~1531)은 호가 이정梨亭으로 북병사北兵使를 역임하였으며 구성부사龜城府使로 나가서는 이적장성李勣長城이라는 칭호를 들었다. 이적장성은 고사故事가 있다. 당唐나라 초기의 명장인 이적李勣이 병주 도독幷州都督으로

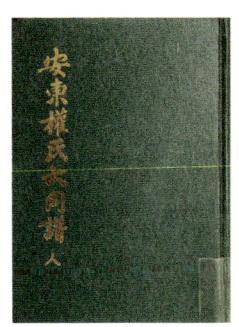

안동권씨 대동보 표지

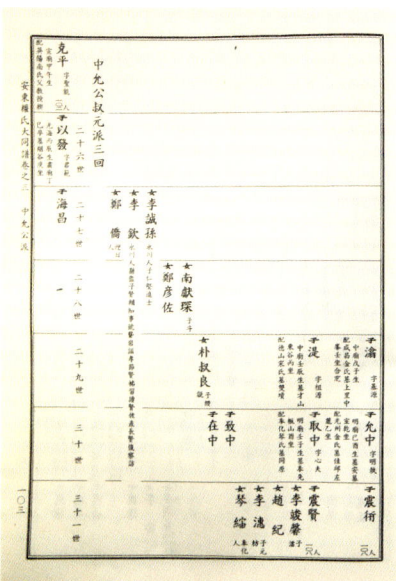
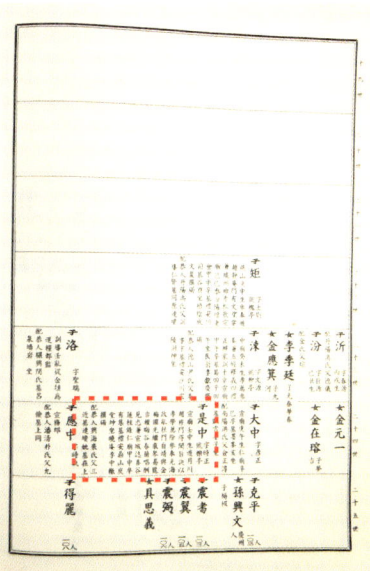

안동권씨대동보 중윤공파에 기록된 권시중의 약력

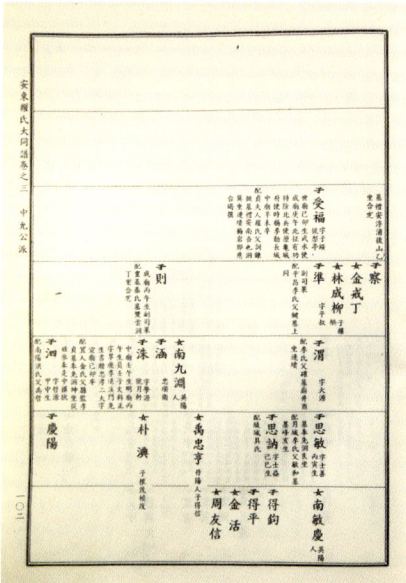
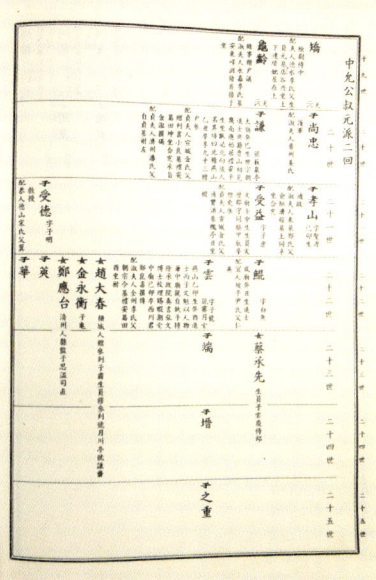

안동권씨대동보 중윤공파의 권시중 선대先代의 가계도

임명되어 돌궐突厥을 제압하자, 당 태종太宗이 "수 양제隋煬帝는 변방의 장수를 제대로 가려 보내지 못한 채 장성만을 힘들게 쌓아 오랑캐를 대비하였다. 그런데 지금 나는 이적을 병주로 보내 지키게 하였는데 돌궐이 감히 남침을 하지 못하고 있으니, 이적 한 사람이 장성보다도 훨씬 뛰어나다고 하겠지."라고 칭찬했다는 고사에서 유래한 것이다. 이분이 바로 권시중의 증조부이다. 뒷날 권시중은 증조 권수익權受益의 무덤이 안동읍 예전 살던 곳에 있었는데 후손들이 먼 곳에 살고 대대로 묘지기가 제대로 묘를 수호하지 않아 석물이 갈라지고 부서져서 실전된 것을 나무꾼이나 그 지역의 노인들에게 묻는 등 오랫동안 지극정성으로 탐문하여 결국에는 묘소를 찾아내었다.

권수익은 2남 3녀를 두었는데, 장남 권곤權鯤은 진사이고, 차남 권운權雲은 호가 제월당霽月堂으로 1516년 문과에 급제하여 교리를 지냈다. 장녀는 월천 조목의 부친인 조대춘에게 출가하였고, 차녀와 삼녀는 김영형金永衡과 정응태鄭應台에게 각각 출가하였다.

권수덕은 3남 2녀를 두었는데, 아들은 권협權莢·권화勸華·권찰勸察이고 딸들은 김계정金戒丁과 임성류林成柳에게 각각 출가하였다. 권수복은 3남 2녀를 두었다. 장남 권준權準은 부사과副司果를 역임하였고, 차남 권칙權則은 호가 서연당棲淵堂이다. 삼남 권구權矩는 호가 괴정槐亭으로 권시중의 조부이다. 권겸의 딸들은 이성손李誠孫과 이흠李欽에게 각각 출가하였는데, 이흠은 농암聾巖 이현보李賢輔의 부친이다. 권시중의 부친은 정릉참봉靖陵參奉을 지낸 유정柳亭 권속權涑이고, 모친은 덕산윤씨德山尹氏로 봉사奉事 윤우尹宇의 따님이다.

권시중은 예안 갈전리葛田里에서 권속의 둘째 아들로 태어났다. 어려서부터 효심이 남달랐고, 6세에 숙부叔父 월헌月軒 권수權洙에게 수학하였다. 퇴계의 문인인 권수가 충효忠孝 두 글자를 써서 책상 위에 두었는데, 권시중이 가만히 살펴보더니 꿇어앉아 말하기를, "인도人道에 이것보다 큰 것이 없습니다. 이것은 제가 평생 수용할 부적입니다."라고 하였다. 이에 숙부가 기특하게 여기면서 형님인 권속에게 말하길, "이 아이가 보는 바가 이와 같으니 훗날 반드시

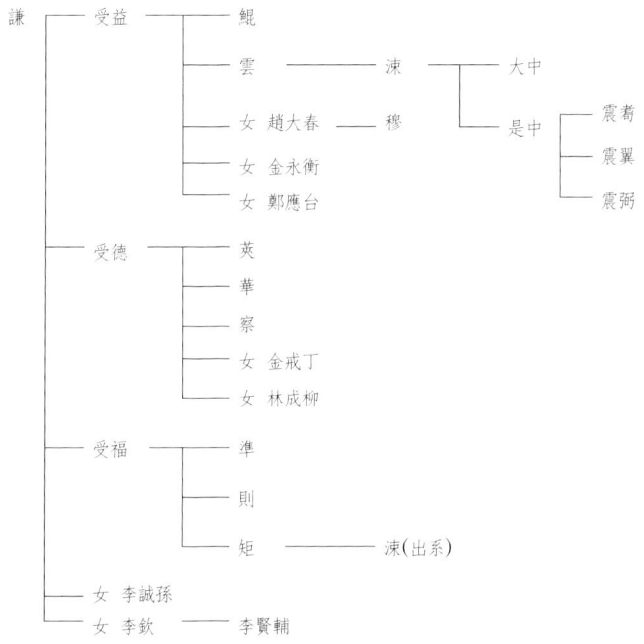

문호를 크게 열 것입니다."라고 하였다. 성장해서는 천상川上의 월천月川 조목趙穆에게 나아가 수학함에 의심나고 어려운 것을 질문하여 추중推重을 많이 받았다. 23세 때인 1594년에 부친을 여의었으며, 선조 임인년(1602)에 효행과 문학으로 천거를 받아 남부참봉南部參奉에 제수되었으나 홀로 계신 어머니 봉양을 위해 나아가지 않았다. 집안 형편이 가난하고 검소하여 콩죽도 제공하지 못할 지경이었다. 그리하여 매양 외출할 때면 반드시 가죽 주머니를 차고 나갔는데, 물고기나 고기를 얻으면 반드시 주머니에 넣어 집으로 돌아와 어머니를 봉양하였다. 이에 스승 조목이 크게 칭찬하였고, 15년 선배인 용담龍潭 임흘任屹(1557~1620)은 「양로낭설養老囊說」을 지어 그의 효행을 칭송하였다. 그 내용의 대강은 다음과 같다.

23

선곡현善谷縣 북계北溪 땅에 권생(시중)이라는 사람이 있었는데, 어려서 아버지를 여의고 어머니를 정성껏 섬겼다. 집이 너무 가난하여 죽조차 제대로 먹지 못할 지경이었다. 몸소 밭을 갈아 어머니를 봉양하였고 직접 땔감을 하여 어머니의 방을 따뜻하게 하였다. 그리하여 어머니는 춥고 배고픔을 걱정하지 않게 되었고, 아들은 그 수고로움을 알지 못하였다. 항상 허리에 가죽 주머니 한 개를 차고 다녔는데 그 까닭을 물으니 "나는 이따금 부귀한 집에 들어가서 혼자만 맛난 음식을 먹을 때가 있는데 차마 그 음식이 목으로 넘어가지 않았습니다. 그리하여 마음속으로 그것을 도포 소매에 넣어서 우리 어머니를 갖다 드릴 것을 생각하였습니다. 그러나 음식을 떨어뜨릴까 염려되어 이 주머니를 만들어서 의대衣帶 사이에 차고 존귀하거나 친하지 않은 사람한테 가서는 틈을 엿보아 몰래 주머니에 집어넣고, 좋아하거나 친밀한 사람한테 가서는 드러내놓고 주머니에 담았습니다."라고 했다. 월천 어르신께서 일찍이 약간의 생선을 가지고 이 사람을 시험하였더니 권생이 어머니 곁을 떠난 것이 적으면 이삼일 길면 열흘에 이르기도 했다. 돌아갈 때는 마음이 바빠서 날 듯이 돌아오면 늙으신 어머니가 이미 문밖에서 기다리고 있었다. 기쁜 마음으로 상면하여 그간의 안부를 묻고는 마침내 주머니 속의 음식을 끓어앉아 바

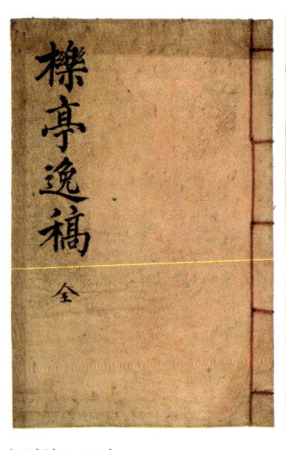
늑정일고 표지

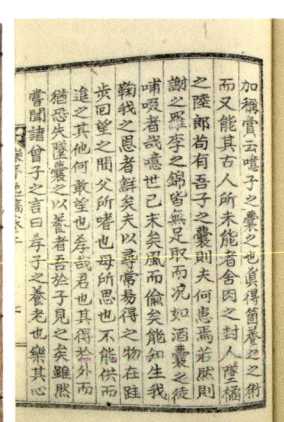
늑정일고의 양로낭설 부분

쳤다. 음식에는 단 것도 있었고 부드러운 것도 있었으며 생선도 있었고 육류도 있었다. 보잘것없는 음식일지라도 어머니가 한 입 드시면 권생은 한없이 행복해하고 기뻐하였다. 이 주머니를 '양로낭養老囊'이라 부른 것이 이 때문이었다.

또 권시중은 북계北溪 가에 작은 정자를 지어놓고 '늑정櫟亭'이라 편액하였는데, 이는 이황의 도산잡영 중 「늑천櫟遷」이란 제목의 시가 있다. "벼랑 타고 오르는 길을 천이라 부르는데, 그 위에 상수리나무가 많아서라네. 굽고 뒤틀린 모양이 뭐 문제 되랴? 이미 수백 년을 넘게 산 것을緣崖路呼遷 其上多樹櫟 何妨抱離奇 壽已過數百."라고 한 데서 취한 말이다. 또 스스로 야주자野舟子라 자호自號하였는데 이 또한 조목의 시에서 취한 말이다. 그는 성헌惺軒 백현룡白見龍(1543~1622)·귀암龜巖 이홍중李弘重·매원梅園 김광계金光繼(1580~1646)·석문石門 정영방鄭榮邦(1577~1650) 등과 수창 하였다. 뿐만 아니라, 그의 문집 『늑정일고』 부록에는 조목의 문하에서 함께 수학한 26명의 동문들의 명단이 수록되어 있다. 이 동문록은 그의 교유관계의 정도를 가늠할 수 있는 척도로 활용될 수 있을 것이다. 동문록에 등재된 명부는 다음과 같다.

성명	생몰년도	자	호	본관	거주지	기타
박운(朴蕓)	1535~1596	언수(彦秀)	병백당(炳栢堂)	함양	예천	
금경(琴憬)	1553~1634	언각(彦覺)	월담(月潭)	봉화	예안	
권춘란(權春蘭)	1539~1617	언회(彦晦)	회곡(晦谷)	안동	안동	
김택룡(金澤龍)	1547~1627	시보(施普)	조성당(操省堂)	의성	예안	
김기(金圻)	1547~1603	지숙(止叔)	북애(北崖)	광주	예안	
배용길(裵龍吉)	1556~1609	명서(明瑞)	금역당(琴易堂)	흥해	안동	
금업(琴憛)	1557~1638	언신(彦愼)	만수재(晩修齋)	봉화	예안	월담의 아우
임흘(任屹)	1557~1620	탁이(卓爾)	용담(龍潭)	풍천	예안	
금윤고(琴胤古)	1558~1641	역여(繹汝)	송파(松坡)	봉화	예안	
조우인(曺友仁)	1561~1625	여익(汝益)	현남(峴南)	창녕		
이준(李埈)	1560~1635	숙평(叔平)	창석(蒼石)	흥양	상주	
금개(琴愷)	1562~1629	언강(彦康)	망월헌(望月軒)	봉화	예안	만수재 아우
정경세(鄭經世)	1563~1633	경임(景任)	우복(愚伏)	진주	상주	

성명	생몰년도	자	호	본관	거주지	기타
김중청(金中淸)	1567~1629	이화(而和)	구전(苟全)	안동	예안	
권굉(權宏)	1575~1652	인중(仁仲)	진봉(震峯)	안동	안동	
권익창(權益昌)	1562~1645	무경(茂卿)	호양(湖陽)	안동	안동	
이산해(李山海)	1539~1609	여수(汝受)	아계(鵝溪)	한산	서울	
이광윤(李光胤)	1564~1637	극휴(克休)	양서(瀁西)		예천	
유종개(柳宗介)	1558~1592	계유(季裕)		풍산	봉화	
권시중(權是中)	1572~1644	시정(時正)	늑정(櫟亭)	안동	예안	
금학고(琴學古)	1564~1630	흡여(翕汝)		봉화	예안	송파의 아우
신열도(申悅道)	1589~1659	진보(晉甫)	나재(懶齋)	아주	의성	
금각(琴恪)	1571~1588	언공(彦恭)	조대(釣臺)	봉화	예안	망월헌 아우
조수붕(趙壽朋)	1579~?	자장(子長)	팔우당(八友堂)	횡성	예안	선생의 아들
신달도(申達道)	1576~1631	형보(亨甫)	만오(晩悟)	아주	의성	
조석붕(趙錫朋)	1585~1657	자백(子百)	한사(寒沙)	횡성	예안	팔우당의 아우

오래된 상자 속에서 발견된 이 『동문록』은 생몰년을 확인한 결과 생년 순으로 작성되지 않았음이 확인되었다. 수록 기준이 무엇인지 알 수 없으나 인물의 성명을 적고 자, 호, 본관, 거주지 순으로 작성되었다. 생몰 연도와 일부 자호는 필자가 추가 삽입한 것이다.

예안 관아 서부리에
터를 잡다

　예안의 역사가 언제 시작되었는지를 문헌상으로 고증하기란 쉽지 않다. 그러나 최근 발굴 중인 예안 선성산宣城山 성터에서 1,300년 통일신라 유물이 발견된 것으로 보아 그 이전에 형성되었을 가능성이 점쳐진다. 예안향교 앞에 위치한 선성산은 지금 정상부분만 일부 남아 있고 나머지는 모두 안동댐 건설로 수몰되었다.

　『선성지』를 기준으로 예안현의 경계를 살펴보면, 동쪽으로는 영해부의 영양 경계까지가 41리, 남쪽으로 안동부 경계까지가 11리, 서쪽으로 영천榮川(영주) 경계까지가 39리, 북쪽으로 봉화현 경계까지 41리이다. 또한 서울까지의 거리는 545리이다.

> 예안은 본래 고구려高句麗 매곡현買谷縣이었는데, 신라新羅 때에 선곡善谷으로 고치고 내령군奈靈郡(영주)의 영현領縣으로 삼았다. 고려高麗 태조太祖 때에 수령 이능선李能宣이 거의擧義하여 귀정歸正하였기 때문에 지금 이름(선성宣城)으로 고치고 군으로 승격하였다. 현종顯宗 때에 길주吉州(안동)에 소속시켰고, 신우辛禑(우왕)가

북쪽을 바라보면서 촬영한 서부리 전경

남쪽 안동호를 바라보면서 촬영한 서부리 전경

그의 태胎를 현의 땅에 보관하였기 때문에 다시 군으로 하였다가 얼마 뒤에 주州로 승격하였다. 공양왕恭讓王이 감무監務를 두었고, 본조本朝(조선)에서 현감縣監으로 고쳤다.

인용문은 『선성지』의 첫머리에 실려져 있는 건치 연혁에 대한 언급이다. 선성은 예안의 고명古名이다. 예안은 고구시대에는 매곡買谷이라 하였고, 신라 시대에는 선곡善谷이라 불렀다. 이후 고려 왕건이 후백제 견훤과의 전투에서 예안 현감 이능선이 거의하여 왕건을 도왔다. 한편 현감 이능선은 신라의 백성으로 있다가 고려로 귀화를 하였다. 그리하여 이능선의 이름의 마지막 글자를 따서 선성宣城으로 고쳤다. 1390년(공양왕 2)에 감무를 두었고 의인현을 병합하였다. 조선시대에 들어와 1413년(태종 13)에 현이 되고, 1895년(고종 32)에 지방관제 개편으로 인하여 예안군이 되었다. 읍내·서면·북면·의서·의동·동상·동하 등 7개 면을 관할하였다. 이후 1914년 행정구역 폐합에 따라 관저동, 교촌동, 만촌동의 각 일부를 병합하여 예안읍의 서쪽이 되므로 서부동(리)이라 하여 안동군 예안면에 편입되었다. 그러나 1973년 안동댐 건설로 인해 일부가 수몰되고, 나머지 일부는 그 이듬해 도산면에 편입되었으며, 1995년 안동군이 안동시에 통합됨에 따라 안동시에 속하게 되었다.

새롭게 조성된 서부단지는 안동댐 수몰로 행정구역 개편시 월곡면을 없애고 그 일부를 예안면으로 흡수하고 예안면 일부를 도산면으로 편입시킴에 따라 예안 신단지가 도산면 서부동으로 속하게 되었으나 여기에 소재하는 각 기관명은 여전히 예안禮安으로 부르고 있다. 수몰 전 예안은 327가구에 1,683명이 살다가 안동댐 건설로 완전히 수몰되었고, 구 예안 수몰지에서 북쪽으로 약 200m 지점에 임야 구릉지에 이주할 것을 이주민 다수가 협의하여 1973년 1월 5일 예안 이주단지 추진위원회를 구성하여 현지를 닦아 28,000평을 정지하였고 1974년 1월 5일에 착공하여 택지를 조성하고 1976년 12월 30일에 준공하여 아담한 새마을을 형성하였다. 현재 서부리는 가구수가 약 220호로 서부 1리와 서부 2리로 구분하는데 서부 단지의 일부와 향교골 마을은 서부 1리에 포함되며, 서부 1리에 포함되지 않는 나머지 일부는 서부 2리에 속한다. 한편 서부단지에서 북쪽으로 약 1㎞ 떨어진 곳에 위치한 마을로 조선 초기 때부터 예안향교禮安鄕校가 이곳에 있었다고 하여 향교골 혹은 교촌이라 불리어 왔다. 이 마을은 1974년 7월 1일 안동댐 건설로 인하여 일부 촌락이 수몰되고 향교와 민가 5가구가 남아 있다. 도산면사무소에 알려주는 자료에 의하면 현재 거주민은 서부1리에 155명 서부2리에 181명이 각각 거주하고 있다.

예안 관아 둘러보기

예안읍 가락골에 형성된 예안 관아는 지금의 서부리에 해당되므로, 서부리가 곧 예안행정의 중심지였다. 가락골은 예안의 행정수도일 뿐만 아니라 수몰되기 이전에는 관아에서 10리쯤 떨어진 곳에는 광산김씨 집성촌이었다고 한다. 관아였던 선성아문은 몇 해 전에는 도산면사무소 서부출장소로 사용되었다가 현재는 커피숍으로 활용되고 있다. 대문 위에는 '선성아문宣城衙門'이라는 단아한 현판이 걸려 있는데, 이 글씨는 선성삼필宣城三筆의 한 분인 매암梅巖 이숙량李叔樑(1519~1592)의 친필로 전해지고 있다.

『선성지』를 살펴보면 예안관아인 동헌은 내동헌內東軒과 외동헌外東軒의 편액이 따로 있었다. 내동헌의 명칭은 근민당近民堂이고, 외동헌은 일조헌一眺軒으로 일명 제금헌製錦軒이라 하였다. 육방관속이 행정업무를 보던 곳은 장부당掌簿堂이었다. 객사 동쪽에는 추흥정秋興亭과 관심루寬心樓가 있었으며, 동헌 앞 나루터 언덕에는 쌍벽정雙碧亭이 있었고, 객사 문밖에는 망미루望美樓가 있었다. 추흥당은 홍희洪熙 원년인 1425년에 현감 박결朴潔이 세운 것으로, 관찰사 하연河演(1376~1453)이 명칭을 붙이고 기문도 지었다고 한다.

1 갤러리와 커피숍으로 바뀐 예안 관아 모습
2 예안 관아 입구인 선성현 아문
3 갤러리로 바뀐 근민당 외부 모습
4 갤러리로 바뀐 예안 관아 근민당 내부
5 커피숍으로 바뀐 장부당의 외부 모습
6 장부당 근경
7 커피숍으로 바뀐 장부당의 내부 모습

선성현 객사

선성현 객사는 창건연대와 창건자를 자세히 알 수 없으나, 퇴계의 쌍벽정 시에 의하면 1545년 경에 예안 현감 임내신이 지은 것이 아닌가 한다. 숙종 38년인 1712년에 예안 현감 김성유金聖遊가 개수하였는데, 안동댐 건설로 인하여 1976년에 안동시 성곡동 민속촌 주변으로 이건되어 있다. 예안아문에 속했던 이 객사는 조선시대 객사의 전형적인 모습을 갖추고 있다. 객사의 평면은 중앙에 정면 5칸, 측면 3칸 규모의 주사主舍를 배치하고 양옆으로 정면 3칸, 측면 3칸 규모의 익사翼舍를 연결해 지었으며 주사의 맞배지붕을 양 익사의 지붕보다 한 층 높였다. 이유인즉 주사에서 궐패를 모시고 초하루와 보름에 궁궐을 향해 망궐례望闕禮를 행하는 장소이기 때문으로 여겨진다. 또 양쪽 익사의 기능은 왕명을 받고 내려온 사신이나 귀한 손님이 방문할 때 숙소로 활용하였다. 건물의 주사는 이익공양식二翼工樣式 구조이고, 익사는 초익공양식 구조이다. 이곳에서 바라보는 월영교의 야경이 매우 아름답다. 객사는 1973년에 경북유형문화재 제29로 지정되어 오늘날에 이르고 있다. 안동댐 월영교 건너편에 이건한 선성현 객사는 그대로 두고, 도산면 서부리에 새로 복원하는 관아

성곡동 선성현객사 전경

성곡동에 있는 선성현객사 측면

성곡동 선성현객사 정면

성곡동 선성현객사 내부

월영교야경

동쪽에 예전 모습 그대로 새롭게 지어 단청까지 마친 상태라서 조만간 일반인에게 공개될 예정이다.

자연산 냉장고 석빙고

석빙고는 현에서 동쪽으로 2리쯤에 있었다. 석빙고는 예안현감으로 부임한

이매신李梅臣이 1736년(영조12)에 건립하였다. 이매신의 사재로 건립된 석빙고는 1738년에 건립된 경주 석빙고보다 2년 앞선다. 냉장고가 없던 예전에는 음식물 보관이 무척 힘들었다. 특히 생선물 보관에 있어서는 더욱더 그러하였다. 예안 관아 인근의 낙동강에는 예부터 은어가 많이 잡혔다. 현 예안향교 권오진 전교의 전언傳言에 의하면 은어는 여울이 있는 곳에 많이 잡혔고, 밤에 횃불을 들고 가면 은어를 쉽게 잡을 수 있었다고 하였다. 특히 '본 나들'과 '제빗나들'이라는 곳이 있는데 그중에 제빗나들에 은어가 좋아하는 찬물이 나서 물고기들이 많이 몰려들어 누구나 손쉽게 은어를 채취할 수 있다고 하였다. 이매신은 가을철에 많이 잡은 은어를 얼음과 함께 자연산 냉장고인 석빙고에 잘 저장해 두었다가 사시사철 임금님께 진상하였다고 한다. 이매신에 의해서 시작된 은어 진상은 구한말까지 지속적으로 이어졌고, 석빙고의 위치는 관아의 동쪽에 있었으며, 석빙고 출입구는 얼음을 오랫동안 보관하기 위하여 온도가 낮은 북쪽에 문을 내었다고 한다. 그리고 젊을 적에는 더운 여름철이면 이곳에 들어가 시원함을 맛보았다고도 하였다.

지금도 겨울이면 안동에선 얼음을 운반과정에서부터 저장하는 단계에 이르기까지 모든 과정을 재현하는 장빙제藏氷祭가 행해지고 있다. 얼음을 채취해서 녹지 않도록 저장해 두었다가 용도가 발생하면 사용했던 자연산 냉장고인 석빙고는 현재 보물 305호로 지정되어 있다. 장빙제 관련 사진은 안동시의회 이제갑 의원이 제공해 주었다. 지면을 통해 감사의 말씀을 드린다.

석빙고 외부 윗부분

석빙고 내부 모습
석빙고 외부 모습

1 얼음을 석빙고로 운반하는 장면
2 얼음을 석빙고에 놓는 모습
3 얼음을 수레로 운반하는 장면1
4 얼음을 수레로 운반하는 장면2
5 얼음을 켜는 장면
6 장빙제 고사 장면
7 장빙제 고사 진설

서부리의 누정

또 관아 남쪽 1리 부진浮津 위에는 제2의 객사로 활용했던 쌍벽정雙碧亭이라는 정자가 있었다. 이 정자는 임내신任鼐臣(1512~1588)이 지은 것으로, 뒤로는 푸른 산을 등지고 앞에는 푸른 물을 마주하고 있어서 붙여진 이름이다. 임내신의 본관은 풍천豊川, 자는 조원調元, 호는 어은漁隱 또는 퇴휴退休이다. 1512년(중종 6) 평택현감을 지낸 임주任柱의 아들로 태어났다. 이황의 문하에서 수학하여 1538년(중종 32) 별시문과에 을과로 급제하였다. 쌍벽정은 그가 1544년 3월부터 1549년 1월까지 약 59개월간 예안 현감으로 재임하면서 지은 것이다. 쌍벽정 건립 당시에 지은 임내신의 시를 인용해 보기로 한다.

> 푸른 물가에 우뚝이 서 있는 쌍벽정
> 청량한 정취는 새벽녘에 더욱 새롭다네
> 선성宣城은 예부터 풍광이 좋은 곳이었으나
> 지금의 현감 사조謝朓는 유람하지 못하였네
> 천 길 아래 비단 펼친 강가 누각에 서서
> 강 가득 은빛 물고기 번득임을 감상하네
> 다만 한가로운 흥취 실컷 맛보았으니
> 돌아갈 때는 수레 잡는 백성은 없으리

인용 시에서 보듯이 쌍벽정은 예안 관아 인근의 푸른 물가에 있었다. 사조謝朓는 중국 남조 시대에 선성 태수를 역임하면서 선정을 베풀었다. 임내신은 사조가 태수로 있었던 곳의 지명이 자신의 현감으로 부임한 예안의 고명故名과 같기 때문에 자신을 사조에 투영하여 경치가 좋은 이곳을 여태껏 찾지 못한 탄식을 하고 있는 것이다. 쌍벽정에서 내려다보면 물속에 번득이는 은어까지 환히 들여다보일 정도로 물이 맑았다. 이곳 경치에 매료된 임내신은 넋을

놓고 마음껏 눈요기하였다. 다음은 퇴계退溪 이황李滉(1501~1570)이 읊은 쌍벽정 시를 통해서 그의 내면세계를 들여다보기로 한다.

> 시냇가에서 한가롭게 지내는 병든 늙은이가
> 행정이 점차 새로워진다는 소식에 기뻐하네
> 객사가 화려하게 지어져서 축하를 하였건만
> 강가 정자가 완공되어 더욱 사람을 놀래키네
> 풍류를 즐기던 강락은 얼굴빛이 옥과 같았고
> 쓸쓸해져 버린 문원은 귀밑머리 세려 하였네
> 읊조린 시는 꿈에서도 진정 나를 흥기시키니
> 어느 때에 나막신 신고 산민에게 물어볼까나

인용 시는 『선성지』에는 물론이고 『퇴계집』에도 수록되어 있다. 퇴계는 병석에 있으면서도 예안의 행정이 점차 새로워지고 있다는 소식을 접하고선 매우 기뻐하였다. 예전 객사가 완성되었을 때는 직접 가서 축하를 해 주었으나, 지금은 병석에 있는 몸이라서 쌍벽정이 완공되었다는 소식을 접하고도 직접 가보지 못하는 안타까움을 강락과 문원에 빗대어 표현하고 있다. 강락은 사영운謝靈運을 말하고, 문원은 사마상여司馬相如를 가리킨다. 강락은 남조 송宋나라의 사영운이 강락공康樂公의 작위를 이었으므로 사강락謝康樂이라 불렀으며 산수를 매우 즐겼다. 문원은 한漢 나라 때 사마상여司馬相如가 효문원령孝文園令을 지냈음으로 문원이라고 하는데, 그의 자는 장경長卿이고 문장이 훌륭하였다.

퇴계는 이후 병석에서 일어나 쌍벽정에 자주 들렀다. 관아에 들를 때면 숙소인 영빈관迎賓館으로 가지 않고 이곳 쌍벽정에 머물렀다. 이는 자신을 접대하는 일로 관아의 비용을 축내지 않으려는 마음에서 비롯된 것이다. 여기에서 우리는 무겁고 근엄한 퇴계가 아니라 청렴하고 인간미 넘치는 퇴계를 맛볼

수가 있다. 쌍벽정은 임진왜란 당시에는 병화를 면하였으나, 1605년에 발생한 대홍수로 인하여 건물은 물론 시판마저 하마의 희생양이 되었다.

쌍벽정에는 이외에도 농암農巖 이현보李賢輔(1467~1555), 금계錦溪 황준량黃俊良(1517~1563), 하연賀淵 이중량李仲樑(1504~1582), 장응선張應旋 등의 시판이 걸려 있었다. 이는 단순한 정자의 기능을 넘어 문인학자들의 시회詩會 공간으로 활용되었을 것이 분명하다.

서부리에는 쌍벽정 외에 현 동쪽 1리쯤에 척금당擲金堂이라는 동헌이 있어 수령이 항상 이곳에서 공무를 처리하였으나 1605년에 쌍벽정과 같은 신세가 되고 말았다.

동부리 훔쳐보기

이 책은 서부리에 국한하여 서술하였으나, 동부리와 서부리의 산 능선을 사이에 두고 경계가 구분되어 진다. 그리고 예안에 입향한 사람들 대부분 동부리를 거쳐 갔기 때문에 동부리에 대해서도 훔쳐보기를 한다. 이를테면, 진성이씨, 영천이씨, 봉화금씨, 안동권씨, 예안이씨, 영양남씨, 횡성조씨, 인천채씨 등이 모두 이곳을 거쳐 새로운 터전을 형성하였다.

동부리는 구한말 예안군 읍내면에 속한 지역인데 1914년 행정구역 폐합에 따라 만촌동, 관저동, 교촌동의 각 일부를 병합하여 예안읍의 동쪽이 되므로 동부동(리)이라 하여 안동군 예안면에 편입되었다. 만촌동에는 평산신씨 만촌파가 있었고, 산 너머에는 예안이씨 입향지인 이씨골이 있다. 그 뒤 1973년에 안동댐이 건설됨에 따라 일부가 수몰되고 나머지 일부는 1974년에 도산면에 편입되었으며, 1995년 안동시·군이 통폐합됨에 따라 안동시에 속하게 되었다. 동부리는 현재 동부 1리와 동부 2리로 나누어 40여 호가 살고 있는데 새터, 괴내, 송터 마을은 동부 1리에 속하며, 월천 마을은 동부 2리에 속해 있다.

새 관아(왼쪽) 예안향교(가운데), 만촌동(오른쪽), 산성(앞쪽) 전경

월천은 예안 고을인 선성현宣城縣에 속했던 유서 깊은 마을이었으나 안동댐 건설로 마을의 대부분이 수몰되었으며, 현재 호수를 사이에 두고 예안면 부포 나루터와 마주보고 있다. 이 마을은 조선 중종 때의 학자인 월천月川 조목趙穆 (1524~1606)이 태어난 곳으로 당시 마을 이름이 월천이었는데, 월천의 아호와 중복을 피하기 위해 월애 또는 달애, 다래라고도 부른다. 이곳에는 월천이 1539년(중종 34)에 건립하여 후진을 양성하고 수학했던 월천서당月川書堂이 있다. 퇴계의 필체로 알려진 월천서당 편액 글씨의 전체적인 균형을 살펴보면 '월月' 자가 '천川' 자보다 약간 위에 있는 듯한 느낌을 준다. 이것은 달은 하늘에 있고 천은 땅 아래에 위치한 것을 염두하여 쓴 것이라 하여 재삼 눈길이 간다. 월천서당의 동북쪽에는 월천의 셋째 동생인 조정趙禎(1551~1633)의 겸재謙齋가 있다. 한편 『선성지宣城誌』에는 다음과 같이 기록되어 있다.

> 마을은 현 동쪽 7리에 있다. 용두산龍頭山과 영지산靈芝山 두 산줄기가 서로 치솟아 부용봉芙蓉峯이 되고, 그 아래에 마을이 있으니 바로 월천月川이다. 옛날에는 사는 사람이 없어서 초목이 무성하고 원숭이와 토끼들이 서로 떼 지어 다녔다. 이 때문에 예부터 속세에 전해지는 이름이 '솔내率乃'였다. 하늘이 아끼고 땅이 몰래 감춰 둔 구역으로 주인이 없이 버려진 지 오래되었다. 동지중추부사同知中樞府事 권수익權受益이 부라촌浮羅村에서 태어나 매번 이곳의 형승形勝을 볼 때마다 이곳에 살려는 생각이 들었다. 그리하여 홍치弘治 갑인년(1494)에 가시나무를 베어내고 터를 개척하여 비로소 살게 되었는데 고명古名인 '솔내'를 고쳐 '월천月川'이라고 하였다. 동지중추부사(권수익)의 외손인 조선생趙先生(조목)이 이 마을에 살면서 월천月川을 호로 삼았다. 선생은 또한 '대라帶羅'라고 하였는데 부라浮羅와 짝해서 부른 것이다. 부용봉을 등지며 낙천洛川을 내려다보고 있어서 진실로 예안의 별천지別天地가 되었다. 그러므로 퇴계 선생께서 남과 이야기하다가 말이 우리 고을 산수의 기이함에 미치면 반드시 월천마을을 으뜸으로 칭송하고서 곳곳마다 시詩를 지었다.

월천서당
월천서당 원경

월천마을 겸재

　위에서 살펴보듯이 월천 마을은 조목의 외조부인 권수익權受益이 터를 잡은 곳으로 이후 조목趙穆이 태어남으로 인해 빛을 발하게 된 것이다. 당나라의 시인 유우석劉禹錫은 「누실명」에서 "산이 높지 않아도 신선이 있으면 이름난 산이고, 물이 깊지 않아도 용이 살면 신령스러운 물이다."라고 하였다. 산과 물이 이름나게 되는 것은 그 자체로서 알려지는 것이 아니라, 신선이 사는 산이냐 용이 깃들여 숨 쉬고 있느냐에 달려 있다는 것이다. 월천마을이 유명하게 된 것은 그곳에 이곳에 퇴계의 고제자인 조목이라는 인물이 살았기 때문에 더욱 빛을 빛나게 된 것이다. 퇴계는 이곳 월천의 승경에 대해서 다음과 같은 시를 읊었다.

　　계당에 달 밝으니 월천 집도 밝을 테고
　　오늘 밤에 바람 맑고 어젯밤도 맑았네
　　이렇게 맑은 바람과 밝은 달이 있는데
　　우리들은 어찌하면 명성明誠을 징험하랴

마지막 구에서 퇴계가 말한 명성明誠은 『중용장구中庸章句』 제21장에 "성誠으로 말미암아 밝아지는 것을 성性이라 하고, 명明으로 말미암아 성誠해지는 것을 교教라 이르니, 성하면 밝아지고 밝아지면 성해진다自誠明, 謂之性, 自明誠, 謂之教, 誠則明矣, 明則誠矣."라고 한 데서 나온 말이다. 퇴계는 애제자 월천에게 월천마을의 아름다운 풍광을 언급하면서 풍광처럼 월천의 마음도 잘 수양하길 바라고 있었다. 퇴계가 보내준 이 시에 대해서 조목은 다음과 같이 화답하였다.

부용산의 푸름이 도산의 푸르름에 접하고
풍월담의 맑은 물이 퇴계의 맑은 물로 이어지네
근원 찾아 나아가는 발걸음이 참 좋으나
마음에 들게 명성을 의론하지 못해 부끄러워요

월천 조목은 산과 물이 늘 스승이 계신 곳에서 이어져 내려오듯이 끊임없이 스승의 학문을 찾으려 애를 썼으나 스승의 바람대로 마음을 제대로 다스리지 못했다고 겸손의 미덕을 발휘하고 있다. 조목은 83세의 수를 누렸다. 인생을 마무리하는 시점에서 월천마을에 대한 자신의 생각을 아래와 같이 종합하고 있다.

이곳에서 나서 자란 지가 어언 팔십 년
멋진 봉우리가 수없이 창 앞에 늘어섰네
산과 물이 감싸는 곳이라서 더욱 좋고
겨울에 따뜻하고 여름에 시원하여 좋구나
집 주위에는 수천의 나무들이 보호하고
언덕 옆에는 한 줄기 샘물이 차갑게 샘솟네
어리석게도 이익과 명예를 위해 달렸지만
한가로이 동헌을 대하니 달이 내에 가득하네

월천

월천

월천

예안향교의 어제와 오늘

향교의 연혁

예안향교는 경상북도 안동시 도산면 서부리 204-1번지에 위치한 조선 전기 관학 교육 기관으로, 오늘날의 국립교육기관이라 할 수 있다. 예안향교는 1411년(태종 11)에 지방민의 교화를 위해 창건되었다. 보호수로 지정된 양호루 앞 은행나무가 말해주듯 600년이 넘는 역사를 자랑하고 있다. 주지하다시피 향교란 제사와 교육이 공존하는 공간이다. 예안지역에서 이러한 기능을 가진 공간은 예안향교가 처음이고, 이후 1570년 우탁을 제향하는 역동서원易東書院이 창설되기 전까지 농암 이현보, 송재 이우, 퇴계 이황을 비롯한 예안의 선비들이 이곳을 출입하면서 학업을 익힌 곳으로 예안지역 교육의 토대를 형성한 메카이기도 하였다.

예안향교에 대해서 권시중이 편찬한 『선성지』에서는 "현 북쪽 2리에 있다."라고 되어 있을 뿐 아무런 언급이 없다. 그런데 구한말에 작성되었던 것으로 알려진 필사본 『선성지』 증보增補 조에는 비교적 자세한 내용이 수록되어 있다.

당시 경상도관찰사인 모재慕齋 김안국金安國(1478~1543)은 예안향교에 들러 대성전에 배알하고 다음과 같은 시를 남겼다.

내가 어찌 교화를 베풀고 풍속을 살피리오
얼굴 들고 영남 사람 대하기가 부끄럽구나
부디 소학으로 떳떳한 가르침을 부지하여
여러 학생들이 날로 새롭기를 권면하노라

김안국은 인재양성을 자신의 임무로 삼고 예의禮義를 밝히고 염치廉恥를 기르는 것을 입교立敎의 근본으로 삼았다. 이렇게 김안국이 유생들을 부지런히 이끌어주고 경계함이 이 한 절구 시에 밝게 드러나서 당시의 군자들이 매우 감탄하여 이를 목판에 새겨 걸었다. 또 조정에서는 다른 고을에도 이를 알려 많은 인재들에게 소학을 권장하게 하였다.

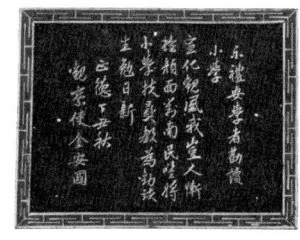
경상도관찰사 모재 김안국이 예안향교 유생들에게 『소학』 읽기를 권면한 시판

한편 1572년에는 전곡錢穀을 모아 춘추석전春秋釋奠 때 여러 집사들이 상재생上齋生(금응협, 조목)와 하재생下齋生(김기, 김해)을 접대하여 시례詩禮와 문행을 날마다 연구토록 하였다. 그리하여 예안을 문헌의 고을이라 일컫게 되었고 또 영남嶺南의 사론이 모두 이 향교에서 나오게 되었다고 하였다.

예안향교는 1490년(성종 21)에 보수를 한 이후에도 몇 차례에 걸쳐 중수와 보수, 수리 등의 과정이 이루어졌다. 구체적으로 언급하자면, 1569년(선조 2)에 현감 손영제가 중수하였고, 1625년(인조 3)에 수리가 되었으며, 1745년(영조 21)에는 현감 김광수金光遂(1696~?)가 중수를 하였다. 1841년(헌종 7)에 다시 수리 과정을 거쳐 1900년(고종 37)과 1954년에도 중수의 과정을 겪게 되었다. 그러다가 1973년 8월 31일에 경상북도 유형문화재 제28호로 지정되었고, 현재

예안향교 전경

예안향교 뒤편에서 촬영한 모습

경상북도 향교재단에서 소유 및 관리하고 있다. 이렇듯 예안향교는 오랜 세월동안 예안의 역사와 문화를 간직한 채 관민官民들의 열烈과 성誠에 의해 현재까지 유지되어왔다. 그 중에서도 반드시 거론해야 할 인물이 2명 있는데, 바로 손영제孫英濟와 신지제申之悌이다.

① **손영제孫英濟**

퇴계의 문도인 손영제孫英濟(1521~1588)는 자가 덕유德裕, 호가 추천鄒川, 본관이 밀양密陽이다. 그는 1569년 1월에 예안현감으로 부임하여 1574년 8월까지 약 5년 8개월간 예안의 수령으로 근무하였다. 이 근무 연수는 예안현감으로서 가장 많은 재임 경력이다. 재임시에 퇴계에게 집지하면서 학문의 폭을 넓혀갔다.

일찍이 도산서당 암서헌巖栖軒에서 치평구경장治平九經章을 논할 적에 정미精微한 곳에 이르러서는 정밀하게 분석하여 그 요점을 찾아내었다. 이에 퇴계가 그의 학문이 넓고 정확하며 세밀하게 살피는 것을 깊이 허여하였다. 공무를 마친 여가에는 후조당後彫堂 김부필金富弼·설월당雪月堂 김부륜金富倫·읍청정挹淸亭 김부의金富儀·월천月川 조목趙穆·매암梅巖 이숙량李叔樑·일휴당日休堂 금응협琴應夾·면진재勉進齋 금응훈琴應壎·약봉藥峯 김극일金克一·성성재惺惺齋 금난수琴蘭秀·초간草澗 권문해權文海·간재艮齋 이덕홍李德弘 등과 교유하며 절차탁마하였다.

손영제는 1572년 7월에 예안향교를 중수하고 입약立約을 제정하였다. 물론 퇴계 생전에 미리 자문을 구함과 동시 예안의 선비들에게 협조를 당부하였다. 이때 제정된 「예안향교입약」은 모두 26조의 세부조항으로 구성되어 있어 초기 향교의 면모와 운영실태 등을 파악할 수 있는 매우 중요한 자료이다. 또 각 조항 아래 이의 실천과 관련된 보완적 사항들을 주석처럼 기록해 두기도 하였다. 손영제가 예안에 부임할 당시에는 향교 건물이 허물어지고 학규學規가 제대로 갖추어지지 않았으며 향교 운영에 필요한 인적자원이나 물적자원이 제대로 구비되지 못한 실정이었다. 그리하여 예안에 거주하던 문인들과 향교 중수에 관한 논의를 하였고, 제도에 맞지 않은 각종 제기와 집기들을 모두 폐기하고 새롭게 마련하였으며, 중수가 끝나는 시점에 맞춰 입약立約을 새로 갖추는 동시에 향교를 지킬 수호군 40명을 배치하는 등 향교의 정상적 운영을 위해 부단한 노력을 경주하였다. 입약에는 현감 손영제를 비롯하여 훈도訓導 노인서盧麟瑞, 좌수座首 오수영吳守盈, 별감別監 류빈柳贇 등 모두 29명의 예안지역 학자들이 참여하였다.

손영제는 퇴계 사후에 방백方伯 김계휘金繼輝(1526~1582)에게 청하여 도산서원을 창건하였다. 이때 자신의 봉록을 출연出捐하는 등 물심양면의 조력을 아끼지 않았고 1년간 근무연장을 하면서까지 도산서원이 이루어지는 것을 보고서야 돌아갔다. 또한 도산서원의 편액을 달 때에는 400리 먼 길을 한걸음에 달려와 원록院錄의 첫머리에 기록할 정도로 퇴계에 대한 존모심이 남달랐다.

② 신지제申之悌

앞서 언급했듯이 신지제는 예안현감의 직무를 수행하는 도중에 임진왜란이라는 미증유의 전란을 당하였다. 임란기에 있어서 예안현감으로서의 그의 활약상은 여타 목민관의 모범이 되기에 충분한 일이었다. 임진왜란 당시 안동부사를 비롯해 안동 인근의 수령들도 죽음을 두려워하여 성을 비우고 도망을 하여 행정공백이라는 초유의 사태를 불러왔다. 그러나 신지제만은 평소와 다름없이 성을 지키며 치안유지에 진력하였다. 뿐만 아니라 안집사安集使 김륵金玏이 조정에 장계를 올려 공백상태인 안동부사를 겸하게 되었다.

> 이렇게 위급한 때에는 사람을 얻는 것이 급선무입니다. 예안은 현감 신지제가 여타의 고을 수령들이 달아나는데도 우뚝이 제 고을을 지키면서 관아의 일을 줄이면서도 어그러짐이 없게 하였습니다. 그의 충의가 가상스럽습니다.

1592년 6월 1일 신지제는 배용길裵龍吉, 김용金涌, 김륵金玏 등과 의병 모집을 논의하고, 6일 11일 예안에서 의병을 일으켰다. 이때 예안의 사족들은 근시재近始齋 김해金垓를 대장으로 추대하였고, 매암梅巖 이숙량李叔樑은 격문을 작성하여 궐기를 촉구하였으며, 도총사都摠使에는 금응훈琴應壎, 정제장整齊將에는 김택룡金澤龍과 김기金圻, 부장副將에는 김광도金光道와 김광적金光績, 군량軍糧에는 이영도李詠道, 군관軍官에는 김강金堈·채연蔡衍·김평金坪, 장서掌書에는 금경琴憬, 유사有司는 류의柳誼와 박몽담朴夢聃, 기병騎兵에는 황진기黃振紀, 우성적禹成績 외 53명, 보병步兵은 김사순金士純, 김지金址 외 365명이다. 조목趙穆·금응협琴應夾·김부륜金富倫·서천일徐千一·이숙량李叔樑 외 41명은 연로한 탓에 군사조련이나 참전 등의 활동에는 참여하지 못하고 군사들의 식량을 보급해주는 군량의 수요를 도왔다. 그리하여 의병에는 435명이 참여하였고, 군량제공은 46명이 참여하였다.

한편 신지제는 관군과 급조된 예안의병을 이끌고 용궁전투에 나섰다가 패전의 고배를 마시게 된다. 이는 갑작스럽게 조직되어 군사조련의 시간을 충분히 갖지 못한 의병들이었기에 필연적인 전세였다. 이 전투에서 배용길의 종제從弟인 배인길裵寅吉이 참전하여 수많은 왜적의 수급을 참획하는 성과를 이루었으나 안타깝게 전사하고 말았다. 남편의 전사 소식을 접한 부인 경주이씨 또한 스스로 목숨을 끊기도 하였다. 그리하여 전란 후 200여 년이 지나 배인길의 충절각과 그의 아내의 정려각이 동시에 내려지기도 하였다.

신지제 역시 홀로 말을 타고 있다가 왜적들에게 포위되어 죽을 상황에 직면했다가 가까스로 목숨을 건지게 된다. 이유인즉 신지제가 예전에 사형선고를 받은 도적들의 죄를 용서해주고 새로운 삶을 살도록 석방해준 일이 있었는데, 이들이 난리 소식을 접하고 의병에 가담했다가 위기에 처한 신지제를 위해 목숨을 걸고 구원한 것이었다.

전세의 불리함을 인지한 신지제는 방백에게 편지를 보내어 전란을 겪는 과정에서 빚어진 문제점과 전란을 극복하기 위해 시급하게 처리해야 할 네 가지를 지적하였다. 첫째, 포상의 규정이 분명하지 못하여 사기를 진작시키지 못하는 문제를 지적하였다. 둘째, 군율이 공정하지 못하여 사람들을 승복시키지 못하는 실정을 지적하였다. 셋째, 비장裨將이 불필요하게 많은 것을 지적하였다. 넷째, 비축된 무기의 양이 많지 않기 때문에 군비 확충을 서둘러야 함을 설파하였다.

1593년에 올린 이 편지는 위기에 처한 나라를 구하고자 하는 충정이 잘 나타나 있다. 평시에는 한 고을을 다스리는 수령의 신분이지만, 전시에서는 병법의 전략을 잘 활용하여 국난을 슬기롭게 극복하고자 하는 전술·전략가로서의 면모를 갖추었다.

미증유의 국난은 종식될 조짐은 보이지 않고 백성들의 삶은 더욱더 피폐하여 굶어 죽거나 얼어 죽는 이가 속출하고 심지어 역병까지 돌게 되었다. 신지제는 참담하고 어지러운 현장을 목도하며 다음과 같이 울분을 토로한다.

    조선의 운수 왜 이리도 어긋났는지
    동쪽 왜구 몰려와 병화가 참혹하네
    해를 넘긴 전란으로 살기가 드세어
    골짝 메운 시신의 피가 바다로 흘러드네
    영남이 사나운 불길에 휩싸여
    관창과 사창이 죄다 타버렸구나
    백성은 옛 터전을 잃고 떠돌며
    노약자 산으로 피해 띠집을 지었네
    관리가 군량 조달로 곡식 독촉하니
    가난한 자 부유한 자 곳간째 바치네
    거듭 닥친 기근에 백성들 아우성이고
    여기저기 추위에 떨거나 곡하는 소리뿐
    갓난아이 길가에 버려져 있어도
    경각에 달린 목숨 누가 돌보랴
    굶어 죽은 시신들이 길을 메웠고
    까마귀와 들개들 물어뜯고 있네
    습한 기운에 역병마저 창궐하니
    남은 백성마저 날마다 죽어가네
    작년에 열 채가 지금 두어 채만 남아
    고아와 과부와 외로운 노인뿐이네
    방백이 농사 힘쓰라는 글을 내려도
    곡식을 심으려고 하지 않으니 어찌하랴
    병든 수령 걱정한들 끝내 어쩔 수 없어
    밥상을 마주해도 차마 먹을 수가 없네

한편의 서사시를 보는 듯한 이 시는 『오봉집』의 제일 첫머리에 수록되어 있다. 전란으로 인한 백성들의 피폐한 삶을 브라운관으로 보는 듯한 시각적 이미지를 발휘하여 도드라진 효과를 발휘하고 있다. 위정자로서 차마 밥을 삼키지 못하는데, 이는 우국충정의 발로이자 애민의식의 진면목이라 할 수 있다.

건축구조

예안향교의 건물로는 출입문인 진도문進道門, 문루인 양호루養浩樓와 강당인 명륜당明倫堂, 기숙사인 동재居仁齋·서재由義齋, 대성전大聖殿과 내삼문內三門, 그리고 여러 부속 건물이 남아 있다.

① 대성전大成殿

대성전에서는 오성五聖(공자, 안자, 증자, 자사, 맹자)과 송조사현宋朝四賢(주돈이, 정호, 정이, 주희) 및 우리나라 십팔현十八賢의 위패를 봉안하고 있다. 위패의 배치도는 다음과 같다. 편액의 '대성'의 의미는 맹자가 백이伯夷를 청성淸聖이라 하고 이윤伊尹을 임성任聖이라 하고 유하혜柳下惠를 화성和聖이라고 한 뒤에, 공자를 시성時聖이라고 하면서 "공자야말로 여러 성인들의 특성을 한 몸에 모두 갖추어 크게 이룬 분이라고 할 것이다孔子之謂集大成."라고 평한 데서 나온 말이다.

대성전의 구조는 정면 3칸, 측면 3칸의 홑처마 맞배지붕 건물이다. 대성전은 앞면이 개방된 전퇴형前退型이며, 기둥은 전면 퇴간에만 모난 기둥을 사용하고, 나머지는 둥근 기둥을 사용하였다. 전면 기둥은 건물의 위엄을 표시하기 위하여 둥근 기둥

대성전의 문성왕 공자 위패

예안향교 대성전
예안향교 사당인 대성전의 대공 모습

안동향교

을 사용하는 것이 상례인데, 대성전은 오히려 반대의 수법을 채택하고 있어 주목된다. 대량大樑 위에는 동자주를 세워 종량宗樑과 중도리를 받게 하였는데, 중도리 하부에는 뜬 창방浮昌枋을 두고 있으며, 종량 밑에도 뜬 창방과 같은 높이로 계량을 가설하여 독특한 건축양식을 띠고 있다. 종량 위의 공자工字 형 대공은 부석사浮石寺의 무량수전無量壽殿과 은혜사銀海寺의 거조암居祖庵 등에서 나타나는 형식으로, 같은 시기로 추정되는 오천리의 후조당後彫堂과 안동향교安東鄕校의 명륜당에도 같은 모양의 대공이 있다.

안동시 송천동에 위치한 안동향교 명륜당의 대공 모습

안동시 와룡면 오천 군자리에 위치한 후조당 내부

대성전 진설

西位 서위	大成至聖文宣王 대성지성문선왕 孔子 공자		東位 동위
豫國公 程顥 예국공 정호			道國公 周敦頤 도국공 주돈이
徽國公 朱熹 휘국공 주희	郕國宗聖公 성국종성공 曾子 증자	兗國復聖公 연국복성공 顏子 안자	洛國公 程頤 낙국공 정이
文昌侯 崔致遠 문창후 최치원			弘儒侯 薛聰 홍유후 설총
文忠公 鄭夢周 문충공 정몽주			文成公 安珦 문성공 안향
文獻公 鄭汝昌 문헌공 정여창	鄒國亞聖公 추국아성공 孟子 맹자	沂國述聖公 기국술성공 子思 자사	文敬公 金宏弼 문경공 김굉필
文元公 李彥迪 문원공 이언적			文正公 趙光祖 문정공 조광조
文正公 金麟厚 문정공 김인후			文純公 李滉 문순공 이황
文簡公 成渾 문간공 성혼			文成公 李珥 문성공 이이
文烈公 趙憲 문열공 조헌	五聖(오성) 宋朝四賢(송조사현) 新羅朝二賢(신라조이현) 高麗朝二賢(고려조이현) 朝鮮朝十四賢(조선조십사현) 總二十七位(총이십칠위)		文元公 金長生 문원공 김장생
文正公 宋時烈 문정공 송시열			文敬公 金集 문경공 김집
文純公 朴世采 문순공 박세채			文正公 宋浚吉 문정공 송준길

예안향교 대성전 배향 위차도位次圖

② 명륜당明倫堂

명륜당은 강학하던 장소로 사용되었는데, 정면 3칸, 측면 2칸의 홑처마 팔작지붕이다. 평면구성은 좌측 전면 1칸을 통칸 온돌방으로 하고 나머지 3칸은 우물마루를 시설하였다. 이러한 형식은 봉화, 풍기, 영주향교 등에서 볼 수 있는 것이다. 무익공無翼工의 오량五樑의 구조로, 단면이 원형에 가까운 직재直材로 대량大樑을 걸고 위에 초각하지 않은 보아지를 끼운 동자주를 세워 종량을 받았다. 대부분의 향교는 명륜당과 대성전이 일직선상에 놓여 있는데, 예안향교는 명륜당이 왼쪽에 비켜서 있는 점이 특이하다.

명륜당에는 예안향교 학령과 백록동규를 기록한 현판이 걸려 있다. 그리고 예안 현감 심영沈鏋이 예안향교에 속한 전답과 노비 등을 문서로 관리하는 등

예안향교 강당인 명륜당 편액

예안향교 명륜당

예안향교 명륜당에 게판된 완문

모재 김안국이 중종 임금의 명을 받들어 예조에 내려 『소학』을 숭상케 한 전지(傳旨)

예안향교 학령과 백록동규

의 새로운 규칙을 제정하고 교생들이 지켜야 수칙에 대해서 정립한 완문도 있다. 또한 관찰사가 예안현에 보낸 관문은 중종 임금이 『소학』 읽기를 권장해야 한다는 모재 김안국의 글을 수용하여 예조에 내린 전지傳旨에 의거하여 예안향교에 『소학』을 읽도록 한 것이므로 그 의미가 특별하다고 할 것이다.

③ 동·서재

동재와 서재는 기숙사로, 동재는 상급반이 서재는 하급반이 기숙하는 것이 통례이다. 동재의 명칭은 거인재居仁齋이고 서재의 명칭은 유의재由義齋이다. 이는 『맹자』「진심 상盡心上」에 "거처해야 할 곳이 어디인가? 인이 바로 그곳이요, 가야 할 길이 어디인가? 의가 바로 그 길이다. 인에 거처하고 의를 행한다면 대인의 일이 다 갖추어진 것이다居惡在 仁是也 路惡在 義是也 居仁由義 大人之事備矣."라는 말에서 취한 말이다.

예안향교 동재東齋인 거인재居人齋 편액

예안향교 서재西齋인 유의재由義齋 편액

예안향교 동재인 거인재

예안향교 서재인 유의재

④ **양호루**養浩樓

양호루는 예안향교의 문루이다. 양호養浩는 호연지기浩然之氣를 잘 기른다는 뜻이다. 호연지기는 천지天地 사이에 성대히 유행流行하는 정기正氣를 말한다. 맹자가 자신의 부동심不動心을 말하면서 "나는 말을 알며 나는 나의 호연지기를 잘 기른다我知言 我善養吾浩然之氣."라고 한 데서 유래한 것이다. 양호루는 1592년 임진왜란의 병화로 소실되었다가 2009년 4월에 복원되었다. 소실되기 전에는 많은 시인 묵객들이 이곳에서 시회를 열거나 학문의 토론장으로 활용하기도 하였다.

예안향교 문루인 양호루 편액

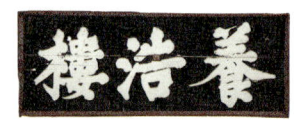

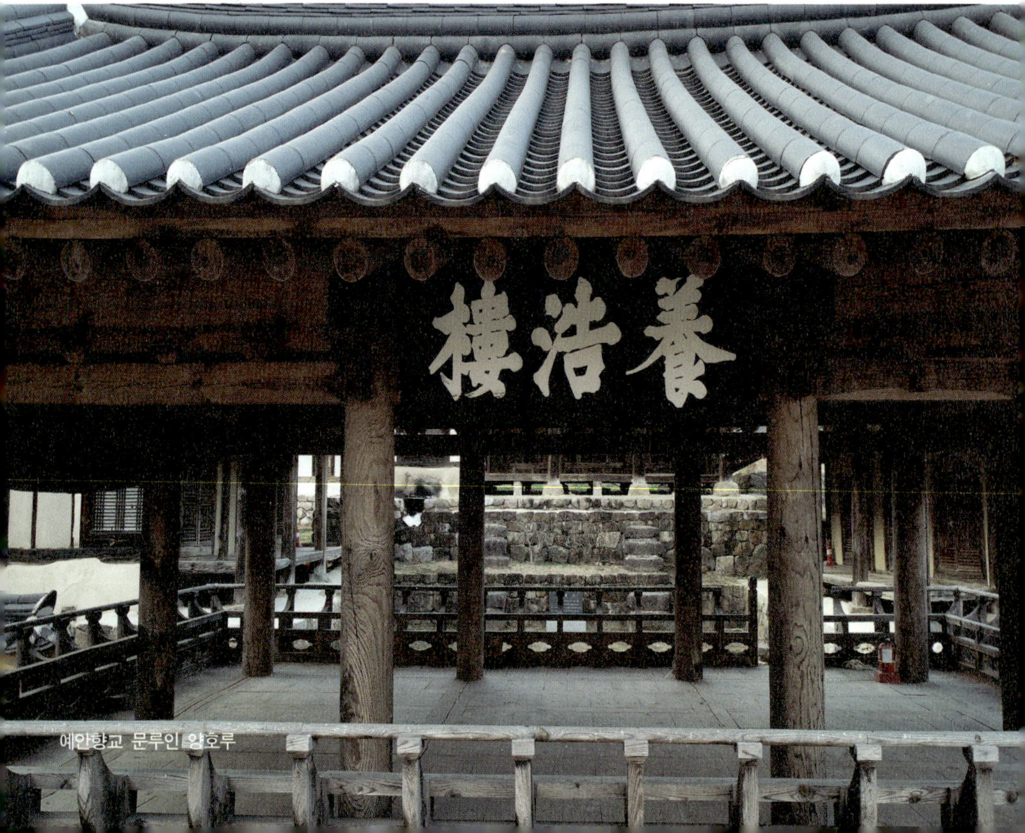

예안향교 문루인 양호루

석전의 釋奠儀

예안향교의 제향祭享은 춘추절春秋節인 2월과 8월 상정일上丁日에 받들고 있다. 춘추 석전제는 한 달 전인 음력 정월 초사흘과 음력 칠월 보름이 되면 예안향교 전교를 비롯한 장의 16명이 예안향교에 모여 대성전에 알묘 분향을 한 후에 명륜당에 모여 석전을 봉행할 제관과 집사를 선정한다. 제관과 집사의 선정은 예안향교 지부와 녹전, 도산, 와룡면의 예안향교 지소에서 적당한 인물을 추천해오면 이날 모임에서 결정된다. 여기에서 초헌관을 비롯한 모든 헌관과 제집사들을 선정하고 유생들을 뽑는다. 향교 석전제의 초헌관은 예부터 고을 수령이 전담하여 왔다. 주지하다시피 안동시는 1995년에 시군이 통합되었다. 그 이전에는 안동 군수가 예안향교의 초헌관을 맡아 오다가 통합 이후에는 안동시장이 그 역할을 하고 있다. 그런데 안동에는 예안향교와 안동향교가 있다. 그래서 안동시장은 춘계 석전제에는 예안향교의 초헌관이 되고 추계 석전제에는 안동향교의 초헌관을 맡아 제를 올리고 있다. 그러므로 추계 석전제에는 향교 전교가 초헌관이 되거나 대학교 총장, 한국국학진흥원장 및 지역교육장이 맡기도 한다. 금년에는 안동과학대학교 총장이 초헌관을 맡았다. 초헌관을 비롯한 여타 제관이 선정되면 정해진 서식에 따라 망기望記를 발송한다. 망기를 받은 사람이 유고가 생겨 참석하지 못할 경우에는 늦어도 행사 7일 전까지 단자를 내어야 한다. 제관과 유사들은 석전 전날 저녁에 향교에 들어와 재계齋戒에 드는데, 사정이 여의치 않은 사람은 당일 아침에 입교入校한다. 헌관과 찬자와 축관은 동재東齋인 거인재居仁齋에서, 유생과 장의들은 서재西齋인 유의재由義齋에서 기숙한다. 석전은 서원의 향사와

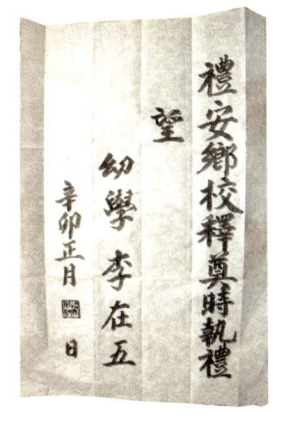

망기

망기음복

는 달리 오전 10시에 성균관을 비롯한 전국 향교에서 동시에 지낸다. 당일 아침에 행사준비를 위해 집사들은 전사청과 고직사에서 석전에 쓰일 제물을 손보고 장의들은 헌관들이 입게 될 금관제복 다섯 벌과 축관과 찬자가 입을 관복 두 벌을 마련해 둔다. 행사 당일 도착한 유생들은 유의재에서 도포와 유건을 갈아입고 명륜당에서 시도부에 본관, 나이, 거주지를 등재한 후 분정례를 시행할 때까지 기다린다. 다음은 석전의례의 순서에 대해서 간략하면 언급하기로 한다.

① 먼저 분정례分定禮이다.

오전 9시 30분경에 참제자 모두가 명륜당에 개좌開座하여 상읍례相揖禮를 올리고 석전제에 맡을 소임을 부여하고 확인하는 분정례를 행한다. 헌관과 축관 및 집례 등에 대한 선정은 이미 한 달 전에 결정되었으며, 여기에서는 출문出文을 받은 사람 중에서 제집사와 학생을 선정한다. 집례의 명에 따라 각 제관들이 금관제복으로 갈아입는데, 제관 한 명당 장의나 유생 한 명이 한 조를 이루어 도와준다. 개좌 때 좌석의 배치는 초헌관·아헌관·종헌관·분헌관은 홀笏을 들고 서향으로 좌정하고, 축관과 집례는 홀을 들고 남향으로 앉는다. 유생들은 차례대로 북향하여 앉는다. 이어서 명륜당 벽에 걸린 집사분정판을 내려 새롭게 한지를 붙이고 분정을 기록할 준비를 한다. 적당한 유생이 천거되면 기록을 맡은 조사는 분정판에 기록을 한 후에 헌관들에게 보여준다. 이어서 유생 두 사람이 분정판을 들고 명륜당을 돌며 모두에게 보여준 후 명륜당 벽면에 걸어둔다. 한편 축관은 대성전에서 축판을 가져와 축문을 작성한 후 사당에 봉치하고 돌아온다. 그런 다음 축관과 집례를 중심으로 제집사와 학생들이 동·서재 앞에 도열하여 정읍례庭揖禮를 마친 뒤에 집례는 본격적인 제의를 진행하기 위해 대성전 앞의 창홀唱笏하는 자리로 나아간다.

분정한 뒤 집사 분정 명단을 분정판에 붙이는 장면
예안향교 2018년 추계 석전제 때의 집사 분정 명단

② 둘째는 진설陳設이다.

　진설은 원래 행사 당일 축시丑時(01시~03시)에 하였으나, 근래에 들어와서는 여러 가지 상황을 감안하여 행사 전날 저녁에 시행하고 있는 실정이다. 진설을 담당한 집사가 석전에 필요한 제수를 갖추어 대성전에 들어가 석전홀기의 진설도를 보며 제물의 진설을 마친 후 대성전에서 나와 헌관에게 진설을 완료하였음을 알리면 초헌관은 진설을 점시點視한다. 향교의 경우 서원의 규모보다 많은 8변籩 8두豆를 사용한다. 석전에 사용되는 제기는 기제사에 쓰이는 제기와는 그 모양이 다르다. 대표적인 제기로는 변籩과 두豆가 있다. 변은 대나무를 얽어 만든 제기로, 과일과 떡·포 등을 담을 때 사용한다. 두는 단지 모양으로 생긴 제기로 나무로 만든다. 여기에는 젓갈과 김치와 같은 물기가 있는 제물을 담는다. 이외에도 쌀을 담는 직사각형의 보簠와 기장과 피 등을 담는 타원형의 궤簋가 있다. 헌작獻爵 시에 쓰이는 술잔도 일반제사에 사용되는 술잔과는 다르다. 그 이름을 작爵이라 하는데 유기로 만들며 그 모양을 살펴보면 윗부분은 양쪽에 자루가 달려 있고, 아래쪽에는 다리가 셋 달려 있다. 이밖에도 제사의 규모에 따라 초헌과 아헌용 술그릇인 소와 코끼리 모양으로 만든 희준犧樽과 상준象樽, 겉에 산과 구름 문양을 넣은 종헌용 술항아리인 산뢰山罍 등이 사용된다. 현재 예안향교에서는 석전 때의 제기를 간소화하여 오성위五聖位의 경우 2변 4두, 그 외에는 2변 2두를 사용한다. 보에는 쌀을 담고 궤에는 차조나 기장 또는 좁쌀 중 한 가지를 담아서 2곡을 쓴다. 오성위의 진설은 변에 대구포와 대추를 올리고 두에는 조기·무·미나리·밤을 담고, 적틀에는 돼지고기와 쇠고기, 날고기 포를 담는다. 단지 문성왕위에만 생牲으로 하고 돼지머리를 더 올린다. 동서 종향위從享位의 진설은 보와 궤에 쌀과 기장을 각각 담고, 적틀에는 돼지고기와 쇠고기를 날것으로 올린다. 변과 두는 좌변 우두左邊牛豆로 진설한다. 변은 2변으로 하나의 변에는 명태포를 놓고 나머지 하나에는 대추와 밤을 함께 담는다. 두도 2변으로 하나의 변에는 청어를 올리고 다른 하나에는 미나리와 무를 함께 담는다. 헌작시에 술잔은 대성전

문밖 양편에 각각 탁자를 놓고 그 위에 술단지와 함께 올려 둔다. 좌측 탁자에는 오성위에게 삼헌三獻을 위한 15개의 잔을 놓고, 우측에는 동서 종향위에게 단헌單獻할 18개의 잔을 올려둔다. 술잔 받침인 점坫은 제상 앞에 삼헌과 단헌을 놓을 자리에 각각 놓는다.

③ 셋째는 행사의 하이라이트인 석전례釋奠禮이다.

찬자가 대성전 뜰 앞에 서서 홀기를 부르면 참제자들은 문밖에 있다가 뜰 안으로 들어가 정해진 위치에 선다. 뜰 안 참제자들의 위치는 다음과 같다. 찬자는 창홀하는 자리인 동쪽계단 아래에서 서쪽을 향해서 서고, 헌관 이하 제집사는 계단 앞에 깔린 초석 이에서 사당을 바라보며 선다. 앞줄에서 좌로부터 초헌관·아헌관·종헌관·분헌관이 차례로 서고 그 뒤에 각 헌관을 모실 알자와 찬인을 비롯한 제집사와 학생들이 선다. 사준司尊은 사당 문밖 제주항아리를 놓아둔 준소尊所 옆에 서고 봉작奉爵과 전작奠爵은 사당 안에 자리한다. 대성전의 출입은 동쪽 계단으로 올라가 중문으로 들어가며 동쪽 계단으로 내려온다. 제의 진행은 강신례降神禮 → 초헌례初獻禮 → 아헌례亞獻禮 → 종헌례終獻禮 → 분헌례分獻禮 → 음복수조飮福受胙 → 망예望瘞 순으로 한다.

이 가운데 음복수조와 망예에 대해서만 언급하기로 한다. 음복수조는 집사가 문성왕준소로 나아가 잔에 복주를 따른다. 또 집사 한 사람은 도마를 가지고 가서 신위 앞의 고기를 덜어 낸다. 알자는 초헌관을 인도하여 음복위飮福位에 나아가 서쪽을 향하여 선다. 초헌관은 꿇어앉아서 홀을 띠에 꽂는다. 집사는 초헌관의 왼쪽으로 나아가 북향하여 초헌관에게 잔을 주면 초헌관은 잔을 받아서 마신다. 집사는 빈 잔을 받아서 술잔 받침에 놓는다. 집사는 북향하여 도마를 초헌관에게 주면 초헌관은 도마를 받아서 집사에게 준다. 집사는 도마를 받아서 동쪽 계단으로 내려와서 문을 나간다. 초헌관은 부복俯伏하고 일어나 몸을 바로 한다. 의식이 끝나면 제자리로 돌아간다. 헌관 및 학생 모두 네 번 절한다. 축관은 사당으로 들어가 변두籩豆를 철상한다. 헌관과 학생 모두

축문을 묻는 망예望瘞 장면

네 번 절한다.

　다음은 망예望瘞에 대해서 언급하고자 한다. 알자는 초헌관을 인도하여 축문을 묻는 자리인 망예위로 가서 초헌관과 함께 북쪽을 향하여 선다. 찬자는 망예위로 나아가 서쪽을 향하여 선다. 축관은 광주리에 축판을 담아서 서쪽 계단으로 내려와서 구덩이에 놓고 묻는다. 흙으로 구덩이 반쯤 묻으면 알자가 초헌관의 왼쪽으로 가서 '예필禮畢(예를 마쳤습니다)'이라고 아뢴다. 알자와 찬인은 각기 헌관을 모시고 차례대로 신문神門을 나가고 찬자는 원래의 자리로 돌아간다. 찬인은 축관과 제집사를 인도하여 함께 배위拜位로 돌아가서 네 번 절한다. 찬인은 축관 이하 학생들을 인도하여 차례대로 신문을 나간다. 찬자와 알자 그리고 찬인은 모두 배위에 나아가 네 번 절하고 신문을 나간다. 이상으로 석전례의 모든 절차를 마친다.

④ **독향약**讀鄕約 **및 음복**飮福

석전례釋奠禮를 마친 이후에는 명륜당에서 향약을 낭독하는 의식을 가진다. 헌관 이하 제집사와 학생들이 명륜당에 모이면 학생이 초헌관에게 절을 올리고 무릎을 꿇고 앉아서 백록동규白鹿洞規와 퇴계 이황의 향약약문鄕約約文을 낭독한 뒤 초헌관에게 다시 한 번 절하고 제자리로 돌아간다. 이 과정을 마치면 예안향교 전교가 인사말과 함께 향교 운영 전반에 대해서 간략히 보고를 한다. 참제자들은 음복과 함께 식사를 하고 나서 봉게(제사에 참석한 사람에게 제사음식을 싸 주는 것) 하나씩 가지고 향교 문을 나선다.

석전제 음복 장면

87

명륜당에서 향약을 읽는 모습

은행나무 600년 역사를 말해주다

예안향교 양호루 앞에는 수령 600년이 넘은 은행나무 한그루가 의연한 자태로 서 있다. 보호수로 지정된 이 은행나무는 예안향교의 상징수이다. 은행이 향교건립시에 식수된 것인지에 대한 정보는 없지만, 예안향교 설립시에 다른 곳에 있던 묘목을 옮겨 심은 것으로 보인다. 그런데 여기에서 약간의 의문이 있다. 일반적으로 향교나 서원 앞에 은행나무를 심어놓은 것은 공자의 행단에서 연유한다고 본다. 공자가 따뜻한 봄날에 은행나무 아래에 제자들을 모아놓고 글을 가르쳤다는 것은 주지의 사실이다. 그래서 공자의 위패를 모신 대성전이 있는 성균관이나 향교에는 은행나무를 심었다고 알려져 온다. 또 공부에 관련이 있는 서당이나 일부 서원에도 마찬가지이다. 그러나 과연 그럴까하는 의문이 든다. 공자가 학단을 연 것은 봄이다. 그런데 은행나무는 봄에 별다른 상징성이 없다. 오히려 살구나무 아래가 더 낫지 않을까. 행杏은 은행나무와 살구나무, 두 가지의 뜻을 지니고 있다. 그런데 살구꽃은 봄에 아름다운 꽃을 피우기 때문에 눈이 살구, 열매를 먹으면 입맛이 살구, 씨앗을 피부에 바르면 살결이 살구, 나무는 매질에 사용하여 정신이 산다는 장점이 있다. 이런 측면에서 살구꽃이 화려하게 피는 봄에 자연을 벗 삼아 공부를 했던 것이 더 타당할 듯하다. 그러나 학자들 사이에 이견이 있어 반드시 그렇다고도 단정 짓지 못하는 노릇이다.

조선중기의 학자인 윤흔尹昕(1564~1638)이라는 사람이 지은 『계음만필溪陰漫筆』을 살펴보면 향교 등지에 은행나무를 심게 된 것은 조선 성종임금 때라고 하였다. 왜냐하면 성종이 은행나무를 좋아해서 전국 각지의 고을과 객사 앞에 은행나무를 심으라고 명령을 내렸다는 것이다.

> 성종이 늘 은행을 좋아해서 여러 고을에 명을 내려 관가에 은행을 심도록 하였다. 지금까지 각 고을과 각 객사의 뜰에 오래된 은행이 심겨져 있는 것은 모두 그때 명을 내렸기 때문이다.

예안향교 양호루 앞 은행나무

예안향교 양호루 앞 은행나무

    성종은 1470년에 등극하였다. 그러므로 1470년대 후반이나 1480년대 초반경에 은행나무 식수에 대한 명이 내려졌다고 봐야 한다. 그러나 은행나무 묘목을 심을 경우 1,2년 밖에 안 된 어린 묘목을 심지는 않았을 것이고, 최소한 10년 이상 된 묘목을 이식하였을 것이다. 예안향교의 건립연도가 1411년인 점을 감안하면 이식된 묘목은 1400년 이전의 것임에는 자명한 일이다. 이렇게 본다면 은행나무의 수령은 600년이 넘더라도 향교에 식수된 연도는 550년 전으로 추정해 볼 수 있는 일이다. 연도에 대해서는 이견이 있을 수 있다. 중요한 것은 농암 이현보와 퇴계 이황을 비롯한 수많은 예안의 선비들이 향교에 와서 시를 읊조리거나 『소학』을 배우다가 결국에는 역사의 뒤안길로 사라져 갈 때 양호루 앞의 은행나무만은 묵묵히 예안향교를 지키면서 향교의 역사를 차곡차곡 간직했다는 점이다. 예안향교의 상징수인 이 은행나무는 예안향교의 크고 작은 일들을 가지마다 잎새마다 빠짐없이 저장하고 있는 몰래카메라인 것이다.

무궁화를 통한 예안 향교 알리기

예안향교 명륜당 앞에는 100여 년 전부터 무궁화 한 그루가 자라고 있었다. 이 무궁화는 수령이 오래 되고 꽃잎이 매우 독특하여 2004년에 보호수로 지정될 정도로 매우 귀중한 품종이다. 무궁화는 현재 세계적으로 200여 종의 품종이 있다. 일반적인 무궁화는 꽃잎이 넓고 큰 데 비해 예안향교의 꽃잎은 무궁화 종류 중에서 가장 작고 탐스럽기 그지없다. 꽃잎과 꽃잎 사이가 동떨어져 있어 마치 산삼 잎과 같은 모양새를 갖추고 있다. 그래서 이를 재래종무궁화로 부르고 있다.

예안향교 무궁화가 널리 알려진 계기에 대해서는 안동권발전연구소 이진구로부터 다양한 이야기를 들을 수 있었다. 1992년 임하댐 건설로 인해 수몰위기에 있는 길안의 용계은행나무를 상식하는 과정에서 산림청과 문화재청의 전문요원이 와서 실태조사를 하였다. 이때 임학과 교수 두 분이 함께 와서 실태를 조사하고 확인하고 나서 안동에 가치가 있는 또 다른 특이한 나무의 여부를 물었다. 이에 안동시 관계자가 예안향교 명륜당 앞 무궁화의 존재를 알려준 것에서 비롯된다. 임학과 교수들은 이 무궁화가 재래종 가운데에서 매우 독특하고 최고령인 것에 흥미를 가졌다. 그리하여 산림청 내의 임목육종연구소에서 원종의 가지를 잘라가서 삽수해서 육성해왔다. 일반 무궁화의 수명은 4,50년 정도인데, 이 무궁화는 100년이라는 세월을 지켜왔다. 이 무궁화는 두 교수의 이름을 따서 학계에 등록되는 과정에서 꽃의 크기가 작다는 이유로 일명 애기 무궁화로 등록되어 있다.

또 일반적인 무궁화는 아침 해가 뜰 때 꽃이 피고 해가 질 때 꽃이 진다. 그런데 이 재래종 무궁화는 36시간이나 피어 있다는 점이 매우 이채롭다.

예안향교 명륜당 앞 안동무궁화 개화 모습
(안동문화지킴이 김호태 대표 제공)

죽기 전의 예안향교 무궁화
(안동문화지킴이 김호태 대표 제공)

　이진구는 100년이 넘은 이 무궁화가 예안향교에 심겨지게 된 것은 국권상실이라는 아픔과도 매우 밀접한 관계가 있다고 한다. 1800년 말에 애국가를 제정하고 국화國花를 제정할 당시에 예안향교 유림의 선각자 중의 한 사람이 서울을 드나들면서 나라꽃이 무궁화로 정해지자, 애국심을 고취하려는 의도에서 향교의 중심부에 무궁화를 심었다는 것이다. 그래서 예안 유림에서도 이곳을 성스러운 장소를 여길 정도였다고 한다. 이후 1910년에 나라를 잃게 되자, 국권을 상실한 예안향교 유생들은 명륜당을 오르내리며 무궁화의 개화를 바라보며 잃어버린 나라를 다시 찾기 위한 애국심을 고취하였다. 그러다가 1919년 3.1 만세운동에 적극적으로 가담하여 국권수호를 위해 한 맺힌 목소리를 외쳤던 것이다.

2011년에 식수된 예안향교 명륜당 앞 무궁화 두 그루

한편 1992년에 성균관대학교 심경구교수가 20여 가지를 잘라 가서 삽수揷穗하고 연구한 결과 1999년에 정식으로 안동무궁화로 등록하였다. 이때 예안향교무궁화로 등록하지 않고 안동무궁화로 등록한 데는 안동시군이 통합된 상태라서 지역주민과 시관계자가 안동무궁화로 등록하는데 별다른 이견을 제시하지 않았기 때문이다. 심경구교수는 이 무궁화가 마디 사이가 짧고 수고樹高도 2미터밖에 안 되는 왜성 나무라는 점에 착안하여 나무의 크기를 더 작게 하면서 꽃은 더 많이 피우도록 품종을 개량하였다. 개량된 품종은 미국에 수출되어 아마존이라는 사이트에서 일정한 가격으로 팔리기도 한다. 팔릴 때마다 로얄티를 지급받고 있는데, 나무가 외국에서 로얄티를 받는 경우는 매우 드문 사례이다. 심경구교수는 또 이 무궁화와 7미터나 되는 남원무궁화와 접목해서 영호남화합무궁화라는 새로운 품종을 개량하기도 하였다.

한편 십여 년 전에 희귀종이라는 소식을 접한 동아일보에서 무궁화의 위치는 그대로 두고 지속적으로 무궁화를 관리해 주겠다고 하면서 무궁화의 기탁을 제안하였으나 예안향교에서 이를 거부하였다고 한다. 이후 무궁화는 수명이 다 된 탓인지는 몰라도 2002년경부터 한쪽 가지가 말라가는 증상을 보였고, 매년 말라가는 가지의 숫자는 증가하였다. 그러다가 2009년 명륜당 지붕의 기와를 새것으로 교체하고 명륜당 앞 축대를 쌓는 과정에서 인부들이 고귀한 무궁화라는 것을 모른 채 기와를 마구잡이로 밑으로 내리는 바람에 무궁화의 가지가 꺾이고 몸체는 기와 더미에 깔리고 말았다. 뒤늦게 향교 관계자가 이 사실을 알고서 기와 더미를 치우고 기울어진 무궁화를 똑바로 세우려다 무궁화를 부러뜨리고 말았다. 과실로 인해 무궁화가 역사의 뒤안길로 사라졌으나, 많은 사람들은 그냥 두었어도 곧 수명을 다했을 것이라는 의견이 지배적이다.

이때 심경구교수가 예안향교 무궁화의 참변 소식을 접하고서 이전에 삽수해서 길러오던 무궁화 두 그루를 향교에 제공해 주었다. 그리하여 2011년 4월에 현 위치에 식수하게 된 것이다. 그러나 식수된 이 무궁화는 원종이 아닌 개량종의 일종이다.

　내년은 3.1운동 100주년이 되는 뜻 깊은 해이다. 민족의 정신을 담고 있는 이 무궁화의 가치가 모든 국민에게 알려져야 하고, 의미 있는 곳에 무궁화를 심고 가꾸는 것이야 말로 3.1운동의 정신을 이어가는 하나의 방법으로 생각된다.

퇴계의 장인 권질의 유배지 이기도吏起島

　퇴계退溪 李滉(1501~1570)은 스무 한 살의 나이에 김해 허씨 허찬許瓚의 딸과 혼인을 하였으나 7년 만에 사별하였다. 그리하여 30세에 다시 안동권씨 권질權礩(1483~1545)의 딸과 혼인하였다. 권질은 화산花山 권주權柱(1457~1505)의 장남으로 호가 사락정四樂亭이다. 권질은 1521년(중종 16)에 일어난 신사무옥辛巳誣獄에 연루되어 예안으로 유배를 오게 되었다. 청량산 아래로 알려진 권질의 구체적인 유배지는 서부리의 서쪽에 위치했던 외딴 섬인 이기도吏起島였다. 『선성지』에는 "서쪽으로 2리 떨어진 곳에 무덤 형상을 한 섬이 있으니 그 둘레가 30척이며 이기도吏起島라 부른다. 예부터 이 섬이 있었기 때문에 죄인을 이곳에 가두었다고 한다."라고 하였다. 현 예안향교 권오진 전교는 신라시대의 승려 도선道詵(827~898)이 이곳에 와서 이름 붙였다고 한다. 지금은 수몰되어 흔적을 찾아볼 수 없으나 대략적인 위치는 낙천과 역계천이 만나는 지점, 즉 안동에서 서부리로 들어오는 교량 근처라고 한다. 신사무옥의 배경은 기묘사화 이후 심정沈貞, 남곤南袞 등이 세력을 떨치자 안당安瑭(1461~1521)의

이기도로 추정되는 곳

아들 안처겸安處謙(1486~1521)이 이정숙李正淑(?~1521) 등과 함께 남곤과 심정이 사림을 해치고 국정을 망친다 하여 제거할 것을 모의하였는데 이때 함께 있던 송사련宋祀連이 안처겸의 어머니가 죽었을 때 작성한 조객록弔客錄을 가지고 남곤 등에게 대신을 모해하려 한다고 고변告變하였다. 이로 말미암아 안씨 일족과 이약빙李若氷 등 수많은 사람이 처형되었다. 이때 권질權礩의 아우인 권전權磌(1490~1521) 또한 죽임을 당하였다. 권질의 둘째 딸은 숙부 권전이 장살을 맞고 죽는 광경을 보고서 정신적 충격을 입었다. 정신적으로 온전하지 못한 딸에게 아무도 장가들려 하지 않은 것에 권질은 유배 기간 내내 근심스런 나날을 보내고 있었다. 유배 생활 10년째 되던 어느 날 퇴계가 이기도로 권질을 찾아왔다. 당시 죄인에게 함부로 접근하지 못하는 실정이었으나 절의가 높던 퇴계는 권질을 상면할 기회를 얻을 수 있었다.

권질은 자신의 둘째 딸을 퇴계에게 출가시키려 마음먹고서 다음과 같은 말을 건넸다.

이기도로 추정되는 곳

자네 들어오다가 사립문 곁에 서성이는 여자를 보았는가?

퇴계가 답하기를,

예, 보았습니다.

권질이 다시

그 애가 내 혈맥인데 시집을 못 가고 있어 내가 죽어도 눈을 감지 못하겠네. 자네가 거둬주면 고맙겠는데 자네 생각은 어떤가?

퇴계는 권질의 완곡한 부탁을 거절하지 못하고 응낙하였다. 그리하여 퇴계는 권씨를 둘째 부인으로 맞이하게 되었다. 정신이 온전하지 못한 권씨부인은 곳곳에서 엉뚱한 행동을 하기 일쑤였다. 한 번은 일가친척들이 제사를 지내려고 종가宗家에 모였는데, 권씨 부인이 제사도 지내기 전에 제상에 차려놓은 음식을 집어 먹으려 하였다. 모두가 당황해하며 못마땅한 눈살을 찌푸렸다. 퇴계는 예의에 어긋난 부인의 행동을 나무라지 않고 친척들에게 작은 목소리로 조용히 다음과 같이 말했다.

  제사도 지내기 전에 며느리가 제사음식을 먼저 먹으려고 한 것은 예절에 벗어난 행동이기는 하나, 조상들께서 후손을 귀엽게 여기시는 까닭에 손부孫婦의 잘못된 행동에 결코 노여워하지는 않을 것입니다.

 퇴계가 벼슬살이로 한양에 가게 되었는데, 남한테 맡길 수 없는 아내이기 때문에 함께 데리고 갔다. 퇴계는 부인이 요리를 제대로 할 수 없으므로 요리법이 간단한 무말랭이, 말린 가지나물, 미역 등을 준비해 가서 손수 반찬을 만들어 주었다. 하루는 퇴계가 조회에 나가려고 도포를 입으려고 하는데 도포 한 군데가 헤져 있었다. 퇴계는 부득이 권씨 부인에게 꿰매 달라고 하였다. 정신이 온전하지 못한 권씨부인은 빨간 헝겊을 대고 꿰매어 주는 것이 아닌가! 퇴계는 불평 한마디 하지 않고, 그 도포를 입고 조회에 참석하였다. 퇴계의 의복을 본 어떤 관리가 묻기를,

  선생님, 헤진 도포를 빨간 헝겊으로 꿰매야 하는 법이 있습니까?

퇴계는 웃기만 할 뿐 자신의 의복에 대해서 조금도 부끄럽게 여기지 않았다. 권씨부인은 정신이 온전치 못한 상태로 퇴계와 17년을 부부의 연으로 살다가 부친 권질이 별세한 이듬해인 1546년(명종 1) 7월(음력)에 운명을 달리 하였다. 이에 퇴계는 자식들에게 계비繼妣이지만 적모복嫡母服을 입게 하였으며, 묘가 있는 백지산 아래에 아들 형제가 시묘를 살도록 하고, 자기는 건너편 동암東巖

곁에다 양진암養眞庵을 짓고 거처하면서, 죽은 아내를 1년간 지켜 주었다. 또 아내의 신주에 망실亡室이라 쓰지 않고 고실故室이라고 썼다. 이는 망실이라는 표현이 부인을 낮춰 쓰는 것이라고 생각했기 때문이다. 이후로 안동지방에서는 죽은 아내의 제사 때 쓰는 축문이나 지방紙榜에 '고실故室'이라 쓰게 되었다고 한다.

> 신축된 관아,
> 예안의 역사 새로 쓰다

　예안 관아는 서부리의 중심에서 동편 아래쪽 낙동강을 바라보는 곳에 새롭게 옛 관아의 형태를 갖추었다. 현재 각각의 건물은 완공이 되었고 주변 정리와 마무리가 한창이다. 이 예안 관아의 복원은 앞으로 천년의 예안 역사를 새로 쓸 것이다. 그리고 특히 관아를 새롭게 복원하는 사업은 전국적으로 흔하지 않은 일이다. 필자는 예안 관아 복원이 진행되는 중에 붓을 놓게 되어 매우 아쉬움이 남는다. 내년 복원이 완료되어 세트화 된 예안 관아의 모습을 카메라에 담지 못하는 것이 아쉽기만 하다. 그리하여 새롭게 구성하는 관아의 건축 설계도를 얻어 함께 싣는 바이다. 아직 편액이 걸리지 않은 각각의 건물들은 나름의 위용을 갖추고 있다.
　동헌을 기준으로 설명하면 동헌 앞에는 삼문이 있고, 삼문을 지나면 동쪽에는 육방관속이 행정업무를 보던 인리청이 있고, 서쪽에는 형을 집행하던 형리청이 위치해 있다. 또 삼문 앞에는 누각형 아문이 있다. 그리고 관아의 동쪽 앞에는 객사인 영빈관이 위치해 있다. 객사의 형태는 안동시 성곡동으로 이건한 이전의 객사보다 조금 더 크다는 느낌을 준다. 객사 앞 50미터 전방에 누각

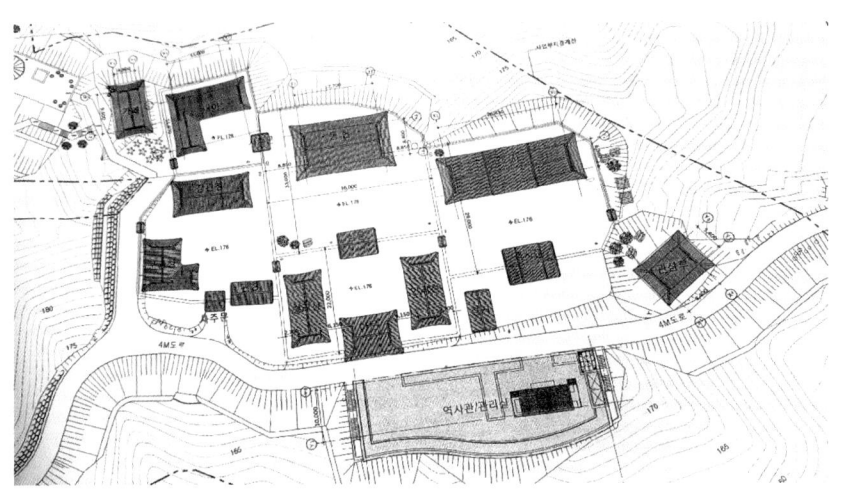

신축 관아 설계도

이 있다. 『선성지』에 동헌 동쪽에 관심루가 있었다고 명시되어 있다. 그리고 관아에서 서쪽으로 사주문을 지나면 현감의 거소였던 내아內衙가 있고, 내아 앞쪽에는 장관청이 위치해 있다. 그리고 장관청에서 서쪽에는 군관청이 있고 앞쪽에는 관창이 있다. 각각의 건물은 완성된 관아의 구성요소로, 전체적인 틀에서 보면 관아의 구성요소를 제대로 갖춘 규모라 할 수 있을 만큼 매우 짜임새 있게 복원하였다.

또 예안향교 앞 선성산에는 산성유물을 발굴하는 작업이 한창이다. 발굴현장 담당자의 말에 의하면 현재 산성 북문으로 추정되는 곳만 발굴을 진행하고 있는데, 열 칸 규모의 창고터로 추정되는 곳이 발굴되었다고 한다. 산성을 축조한 연대는 통일신라로 추정되며 축조의 기법은 고구려시대의 것으로 추정하고 있다. 왜냐하면 이곳이 고구려와 신라의 경계지점이었기 때문이다. 발굴 현장 담당자는 현재의 발굴은 지역을 넘어 국가적 측면에서 발굴작업을 진행하기 위한 기초단계라고 하였다. 예안향교 전교 또한 국가문화재 지정을 위하여 지역주민들의 서명을 받아서 산성 발굴을 위해 열정을 다할 것이

1 신축관아 장관청
2 신축관아 관심루
3 신축 객사 모습
4 정면에서 바라본 신축 관아의 전경
5 신축 관아의 동헌 근민당의 모습
6 신축관아 관창
7 신축관아 군관청
8 측면에서 바라본 신축관아 전경

공중에서 촬영한 신축관아의 전체 모습

선성산성에서 촬영한 서부리와 신축 관아, 그리고 향교모습

라고 하였다. 또 이 산성은 임진왜란 당시에 일본군을 맞아 싸운 곳이기도 하고 갑오경장 이후 예안의병이 이곳을 중심으로 활동이 이루어졌다고 한다.

 예안관아가 복원되고 향교 옆에 교육관이 건립되며, 산성발굴을 통해 유물전시관이라도 건립되게 되면 서부리는 명실상부 역사와 문화가 살아 숨 쉬는 예전의 모습을 갖추게 된다. 많은 이들이 우려하듯이 건물을 복원하고 중건하는 것에서 그쳐서는 안 되고, 보다 중요한 것은 건물 안에 담겨진 정신문화와 역사를 이해하는 것이다. 역사와 문화를 채우지 못한 건물은 그야말로 팥 없는 붕어빵의 신세를 면치 못할 것이다. 건물을 지어놓고 유지와 보수에만 골몰한다면 차라리 짓지 않은 것만 못하다. 해당 건물에 역사와 문화를 지속적으로 불어넣는 작업이 필요하다. 정신문화와 역사가 제대로 투영되도록 관민이 합동으로 노력해야 하고, 많은 연구자들이 서부리의 문화와 역사를 연구할 수 있도록 지원과 협조를 아끼지 않아야 한다. 이런 과정을 통해서만 서부리는 예전의 명성을 시나브로 회복할 것이다. 이것은 예안이라는 지역적 한계를 넘어 안동의 품격을 고취하고 더 나아가 대한민국의 자긍심을 살려주는 계기가 될 것이다.

선성산성에서 출토된 유물

성선산성의 발굴
현장의 정돈된 모습

발굴된 옛 선성산성
모습

선성산성 발굴 현장

안 동
문 화
100선

●●⑥

선성지와 서부리

초판1쇄 발행 2018년 12월 15일

기 획 한국국학진흥원
글쓴이 황만기
사 진 이동춘
펴낸이 홍종화

편집·디자인 오경희·조정화·오성현·신나래
            김윤희·박선주·조윤주·최지혜
관리 박정대·최기엽

펴낸곳 민속원
창업 홍기원   편집주간 박호원
출판등록 제1990-000045호
주소 서울 마포구 토정로25길 41(대흥동 337-25)
전화 02) 804-3320, 805-3320, 806-3320(代)
팩스 02) 802-3346
이메일 minsok1@chollian.net, minsokwon@naver.com
홈페이지 www.minsokwon.com

ISBN 978-89-285-1251-5
SET   978-89-285-1142-6 04380

ⓒ 황만기, 2018
ⓒ 민속원, 2018, Printed in Seoul, Korea

※ 책 값은 뒤표지에 있습니다.
※ 잘못된 책은 바꾸어 드립니다.